INVERTIR EN ORO

PARA PRINCIPIANTES

Gabriel Massias

Invertir en Oro para Principiantes:

Proteja su Patrimonio contra la Inflación, Gane Dinero y Diversifique sus Inversiones con Estrategias Simples y Eficaces

The 3M Bros Company

Descargo de responsabilidad:

La información contenida en este libro tiene puntualmente fines educativos e informativos. El autor y el editor no garantizan que las estrategias descritas produzcan resultados para todos los lectores. Es importante comprender que los resultados dependen de muchos factores, como la industria, la competencia, la economía y otros factores externos. En consecuencia, el autor y el editor no se hacen responsables de ningún daño o pérdida sufridos en relación con la aplicación de la información contenida en este libro.

Me gustaría expresar mi gratitud a mi tío Roland, que siempre ha sido un mentor y un guía para mí. Su apoyo y sus consejos fueron inestimables durante la redacción de este libro.

Me enorgullece poder compartir estos conocimientos con usted y estoy convencido de que la información presentada le ayudará a tomar las riendas de su futuro financiero.

Gracias de nuevo, Roland, por tu contribución a mi desarrollo.

Indice

¿POR QUÉ NECESITA ESTE LIBRO?

Oro. Una palabra tan simple, pero que evoca tantas emociones, sueños y aspiraciones. Para algunos, el oro es símbolo de riqueza y prosperidad; para otros, representa seguridad y estabilidad.

Invertir en oro parece complejo, también intimidatorio, sobre todo si no está familiarizado con los mecanismos que rigen este mercado. Pero, ¿ha soñado alguna vez con la libertad que podría suponer un ingreso extra, generado no por los frutos de su trabajo, sino por su oro, trabajando para usted día y noche?

Si está preparado para salir de su zona de confort e invertir en su futuro, este libro es el compañero perfecto para su viaje.

Mi historia con el oro empezó cuando todavía era joven. Por aquel entonces, pensaba ingenuamente que el secreto de una vida financiera próspera residía simplemente en el trabajo duro y el ahorro. Sin embargo, con el paso del tiempo y la experiencia adquirida, entiendo que esta estrategia, aunque loable, no me llevaría a la independencia financiera que deseaba.

Fue durante una cena familiar cuando mi visión del oro cambió por completo. Mi tío Roland, un experimentado inversor cuyo éxito financiero era innegable, compartió su historia conmigo. Atribuía parte de su fortuna a sus sabias inversiones en oro.

Me contó con pasión cómo había convertido su primer sueldo en una auténtica mina de oro, comprendiendo muy pronto el enorme potencial de este metal precioso para preservar y aumentar la riqueza.

Su historia despertó mi curiosidad y me impulsó a explorar el mundo del oro. Empecé a investigar, leer libros, asistir a seminarios y, poco a poco, a aprender a utilizar el oro como vehículo de inversión. Con el tiempo, establecí mis propias estrategias de inversión y empecé a ver mis primeros beneficios.

Fue allí donde llegué a comprender funciónla funciónclave del oro en la creación y conservación de la riqueza. Por eso ahora soy un ferviente defensor de la inversión en oro, y por eso estoy deseando compartir mis conocimientos con usted.

Pero no se equivoque, mi viaje no ha estado exento de dificultades. Como cualquier aventura, el camino hacia la libertad financiera a través de la inversión en oro está plagado de desafíos. He tenido que enfrentarme a mis miedos, salir de mi zona de confort y, sobre todo, aprender de mis errores.

Empecé a invertir poco a poco, estudiando el mercado, comprendiendo la fluctuación de los precios del oro y aprendiendo a leer las señales económicas. Entiendo que diversificar mis inversiones, no sólo invirtiendo en oro físico, sino también en acciones de empresas mineras y en fondos cotizados (ETF) vinculados al oro, era la clave para reducir el riesgo y maximizar la rentabilidad.

Hoy me gustaría compartir contigo mis éxitos y fracasos, para que puedas empezar a invertir en oro con ventaja.

Este libro no es un manual, sino una guía que le ayudará a navegar por el fascinante mundo del oro. El secreto de un buen inversor es la capacidad de aprender continuamente y adaptarse a los cambios.

A mis 34 años, puedo decir con orgullo que he conseguido crear una fuente de ingresos pasivos y asegurar parte de mi patrimonio gracias a mis inversiones en oro.

Estoy encantada de compartir esta experiencia con usted a través de este libro, con la esperanza de que mi historia le inspire y le ayude a alcanzar sus propios objetivos financieros.

Es hora de tomar las riendas de su futuro financiero... ¿Está preparado para pasar a la acción y descubrir el poder del oro?

¡Su opinión cuenta!

Cuando haya terminado este libro, comparta su opinión.

Sus comentarios serán útiles para futuros lectores.

Estoy deseando ver cómo le ha impactado este libro.

Gracias de antemano por su contribución y ¡feliz lectura!

PRIMERA PARTE: FUNDAMENTOS DE LA INVERSIÓN EN ORO

"No hay fortaleza a la que no pueda acercarse un burro cargado de oro".

Plutarco

CAPÍTULO 1:

ORO: HISTORIA Y FUNCIÓN EN LA ECONOMÍA

A. El oro a lo largo de la historia

Metal sagrado, símbolo divino

El oro, del latín aurum, evoca el amanecer y el color del sol naciente.

Metal sagrado, símbolo divino, seductor sin igual, siempre ha maravillado a la humanidad desde el momento en que descubrió sus brillantes pepitas en las aguas de los ríos o bajo la ganga de los minerales.

Aunque es sinónimo de fortuna, también está vinculado a la existencia de los dioses y a los rituales de sus cultos.

Muy pronto, su valor fue simbólico, por que el metal era muy blando y no podía utilizarse para fabricar herramientas o puntas de flecha para la caza. Su color soleado y su brillo lo convirtieron en el metal por excelencia para la joyería.

Y el hombre lo domesticó

Fácil de trabajar, el hombre supo darle muchas formas y así lo domesticó dando rienda suelta a su imaginación.

Inalterable al aire y al agua, y también a los ácidos a bajas temperaturas, asociado al sol y utilizado como adorno desde la noche de los tiempos, en todas las civilizaciones, el oro, metal mágico y precioso por excelencia, conserva hoy todavía su poder de atracción y fascinación.

Los primeros usos del oro

El oro siempre ha sido apreciado por su belleza y rareza. Ya en la Antigüedad, diversas civilizaciones utilizaron el oro como moneda y adorno. Los egipcios, por ejemplo, estaban fascinados por el oro y lo consideraban un símbolo de poder y riqueza. Extraían oro y lo utilizaban para fabricar joyas y objetos funerarios para los faraones.

Los romanos también fueron grandes consumidores de oro. Introdujeron el aureus, una moneda de oro que se convirtió en la moneda estándar del Imperio Romano.

El oro también desempeñó un función crucial en las civilizaciones griega, persa y china, donde se utilizaba para fabricar objetos de arte, joyas y monedas.

El patrón oro: cuando el oro respaldaba el valor de las monedas

El patrón oro es un sistema monetario en el que el valor de una moneda está directamente vinculado a una cantidad específica de oro. Este sistema se adoptó ampliamente en el siglo XIX y duró hasta la primera mitad del siglo XX. Bajo el patrón oro, los gobiernos se comprometían a cambiar su moneda por una cantidad fija de oro a petición. Esto garantizaba el valor de la moneda y aseguraba tipos de cambio estables entre países.

El patrón oro alcanzó su apogeo a finales del siglo XIX y principios del XX, cuando la mayoría de los países industrializados lo adoptaron para facilitar el comercio internacional y garantizar el valor de su moneda.

Abandon del patrón oro

El patrón oro fue abandonado gradualmente durante el siglo XX. Hubo muchas razones para ello. La Primera Guerra Mundial obligó a muchos países a suspender temporalmente el patrón oro para financiar sus gastos militares.

Posteriormente, la Gran Depresión de 1929 desencadenó una crisis económica mundial que provocó la pérdida de confianza en el patrón oro y su abandono por la mayoría de los países.

Desde entonces, los países han pasado a sistemas de moneda fiduciaria, en los que el valor del dinero ya no se sustenta en el oro, sino que se basa en la confianza en las instituciones monetarias y en la gestión económica de los gobiernos. En este sistema, los bancos centrales son responsables de controlar la oferta monetaria y mantener la estabilidad de precios.

El abandono del patrón oro también ha dado a los gobiernos una mayor flexibilidad en la gestión de sus economías, permitiéndoles aplicar políticas monetarias y fiscales más adaptadas a sus necesidades específicas. Sin embargo, este cambio también ha traído consigo riesgos, como la inflación y las fluctuaciones de los tipos de cambio, que repercuten en el valor del dinero y, en consecuencia, en la riqueza de los individuos y las naciones....

Aunque el patrón oro ya no está en vigor, el oro sigue desempeñando una función importante en la economía mundial. Los bancos centrales siguen manteniendo grandes cantidades de oro en reserva para reforzar la confianza en sus monedas. Además, el oro sigue considerándose un depósito de valor y un activo refugio en tiempos de incertidumbre económica y geopolítica.

En resumen, la historia del oro demuestra que siempre ha sido un bien valioso y deseado, ya sea como moneda, como símbolo de poder o como inversión. Aunque los sistemas monetarios han evolucionado, el oro sigue teniendo un impacto significativo en la economía y sigue siendo una opción de inversión popular para muchas personas en todo el mundo.

B. El oro como depósito de valor

Propiedades puntuals y rareza

El oro se considera un depósito de valor estable por sus propiedades puntuals y su rareza.

Utilizado como medio de almacenamiento de riqueza durante miles de años, sigue siendo una opción de inversión popular. Estas son las razones por las que el oro se considera un depósito de valor estable, especialmente en tiempos de crisis económica e inflación.

Rareza y durabilidad

El oro es un metal raro, lo que lo convierte en un recurso precioso. Además, no se corroe y puede conservarse durante mucho tiempo sin perder su valor. Estas características hacen del oro un activo atractivo para preservar el patrimonio a largo plazo.

Los geólogos calculan que la cantidad total de oro extraído desde el comienzo de la historia de la humanidad es de unas 190.000 toneladas. Aunque esto pueda parecer mucho, si se juntara todo el oro extraído, formaría un cubo de unos 21 metros cuadrados. Para visualizar mejor esta cantidad, imaginemos una cancha de baloncesto: ¡un cubo de oro de este tamaño apenas cabría en medio de la cancha!

Además, los expertos estiman que sólo quedan por descubrir bajo tierra entre 50.000 y 70.000 toneladas de oro. Considerando la creciente demanda de oro y la dificultad de descubrir nuevos yacimientos, ¡la rarezararareza de oro debería lógicamente aumentar con el tiempo!

Independencia frente a la moneda

El valor del oro no está vinculado a una moneda concreta ni a los resultados económicos de un país. Por tanto, el oro sirve de cobertura frente a las fluctuaciones de las monedas fiduciarias y los riesgos económicos asociados.

Durante la crisis económica mundial de 2008, muchos países sufrieron una recesión, con una caída significativa del valor de sus monedas. Por ejemplo, entre 2007 y 2009, el valor del dólar estadounidense cayó significativamente frente a otras divisas, como el euro.

Sin embargo, durante el mismo periodo, el precio del oro subió. A medida que los inversores perdían confianza en las monedas fiduciarias y en los mercados financieros, recurrían al oro como refugio seguro. Entre 2007 y 2011, el precio del oro casi se triplicó, pasando de unos 700 dólares la onza a un máximo histórico de casi 1.900 dólares la onza en 2011.

Este ejemplo demuestra que el valor del oro evoluciona por lo general con independencia de las monedas fiduciarias y de los resultados económicos de los países. Así pues, el oro ofrece protección frente a las fluctuaciones monetarias y los riesgos económicos, manteniendo su valor también cuando las monedas fiduciarias pierden terreno.

Protección en tiempos de crisis

El oro en general se considera como una cobertura contra la inflación, por que su valor tiende a aumentar cuando sube el nivel general de precios. En periodos de inflación, las monedas fiduciarias pierden valor, mientras que el oro conserva su valor real. Esto se conoce como valor intrínseco.

Los inversores hacen genralmente uso de oro para preservar su poder adquisitivo cuando prevén un aumento de la inflación.

Aquí estan las razones fundamentales por las que el oro es una cobertura contra la inflación

- RarezaRareza: Una de las principales razones por las que el oro se considera una cobertura contra la inflación es su rareza. Como ya se ha explicado, la cantidad de oro disponible es limitada. Cuando la inflación aumenta, el valor de las monedas fiduciarias cae, mientras que la demanda de activos tangibles y raros como el oro aumenta.

- Independencia de las monedas fiduciarias: El oro no está directamente vinculado a una moneda concreta, lo que significa que su valor tiene menos probabilidades de verse afectado por la inflación de una moneda determinada. A diferencia de las monedas fiduciarias, cuyo valor puede verse erosionado por la creación excesiva de dinero por parte de los bancos centrales, el oro está muy por lo general protegido de los efectos inflacionistas.

- Historia de preservación del valor: El oro ha demostrado su capacidad para preservar su valor a lo largo del tiempo. En contextos También históricos de elevada inflación, el oro ha logrado por lo general mantener o incrementar su valor real, ofreciendo protección a quienes lo poseen.

- Percepción de los inversores: En general, los inversores consideran el oro un activo refugio en tiempos de incertidumbre económica e inflación. Esta percepción refuerza la demanda de oro en periodos de inflación, lo que contribuye a sostener su valor.

Liquidez

El oro es un activo cuya liquidez varía según su forma y su mercado. En general, el oro en forma de monedas y lingotes se considera moderadamente líquido, por que su venta requiere cierta planificación y encontrar un comprador o un mercado adecuado.

La liquidez del oro, por otro lado, es mayor en forma de oro en papel, como acciones de empresas auríferas, fondos cotizados (ETF) respaldados por oro y futuros del oro, que se negocian en los mercados financieros. Si todos estos términos no le dicen nada, no se preocupe, entraremos en más detalles más adelante.

El mercado del oro es activo y diversificado, con una demanda constante por parte de inversores, bancos centrales e industrias. Esta demanda contribuye en cierta medida a la liquidez del oro.

C. Oferta y demanda de oro

Demanda de oro

Joyería

La joyería representa más o menos el 50% de la demanda mundial de oro. El oro se utiliza para fabricar diversos tipos de joyas, y la demanda es especialmente alta en países como India y China, donde el oro es un importante elemento cultural y tradicional.

Inversión

La inversión en oro, en forma de monedas, lingotes, ETF y otros instrumentos financieros, representa más o menos el 30% de la demanda mundial de oro.

Tecnología

El oro se utiliza en muchos productos tecnológicos e industriales, incluidos los componentes electrónicos, por su conductividad eléctrica y su resistencia a la corrosión. La demanda de oro en tecnología representa más o menos el 10% de la demanda mundial.

Bancos centrales

Los bancos centrales poseen oro como depósito de valor y para reforzar la confianza en sus monedas. Esto representa más o menos el 10% de la demanda mundial de oro.

Oferta de oro

Aquí está una lista actualizada de los mayores países productores de oro, basada en los datos de producción de las minas de oro hasta 2021:

- Con unas 368 toneladas de oro al año, China es el mayor productor mundial de oro, con cerca del 11% de la producción mundial.

- Australia es el segundo productor mundial de oro, con una producción anual de unas 328 toneladas, es decir, más o menos del 10% dc la producción mundial.

- Rusia produce unas 295 toneladas de oro al año, lo que representa más o menos del 9% de la producción mundial.

- Estados Unidos es el cuarto productor mundial de oro, con una producción anual de unas 200 toneladas, es decir, el 6% del total mundial.

- Canadá produce unas 170 toneladas de oro al año, lo que representa más o menos del 5% de la producción mundial.

- Perú es otro gran productor de oro, con una producción anual de unas 143 toneladas, es decir, el 4,5% de la producción mundial.

- Ghana es el mayor productor de oro de África, con una producción anual de unas 142 toneladas, el 4,4% de la producción mundial.

- Históricamente un gigante de la producción de oro, Sudáfrica ha visto disminuir su producción en los últimos años. La producción anual ronda las 118 toneladas, el 3,6% de la producción mundial.

- México produce unas 111 toneladas de oro al año, lo que representa más o menos del 3,4% de la producción mundial de oro.

- Brasil produce unas 107 toneladas de oro al año, lo que representa más o menos del 3,3% de la producción mundial de oro.

Nota: estas cifras son aproximadas y varían de un año a otro en función de las condiciones del mercado, los nuevos descubrimientos y los avances tecnológicos.

D. FACTORES QUE INFLUYEN EN EL PRECIO DEL ORO

Tipos de interés

El precio del oro en general está inversamente relacionado con los tipos de interés. Cuando los tipos de interés son bajos, el oro resulta más atractivo como inversión, por que se reducen los costes de oportunidad de poseer oro.

→ Cuando los tipos de interés son bajos, los costes de oportunidad de mantener oro se reducen porque el rendimiento de otras inversiones también es bajo.

El coste de oportunidad es la diferencia entre el rendimiento de una inversión y el rendimiento de la mejor inversión alternativa.

En otras palabras, cuando los tipos de interés son bajos, los inversores ganan menos dinero colocando sus fondos en inversiones como cuentas de ahorro, bonos, determinadas acciones, certificados de depósito, etc.

En esta situación, la tenencia de oro resulta más atractiva, por que el coste de oportunidad de no invertir en estas otras inversiones es menor. Por tanto, los inversores se sienten más inclinados a poseer oro como medio de preservar su patrimonio y protegerse frente a las fluctuaciones económicas, lo que por lo general provoca un aumento de la demanda de oro y, en consecuencia, una subida de su precio.

Es decir que cuando suben los tipos de interés, los inversores tienden a dirigirse hacia activos de mayor rentabilidad, lo que provoca una caída de la demanda de oro y, en consecuencia, un descenso de su precio.

Inflación

Como ya se ha mencionado, el oro en general se considera como una cobertura contra la inflación. Cuando aumenta la inflación, los inversores buscan activos que conserven su valor real, lo que provoca un aumento de la demanda de oro y, en consecuencia, una subida de su precio.

Oferta y demanda

El precio del oro también se ve influido por el equilibrio entre la oferta y la demanda en el mercado. El aumento de la demanda de oro, por ejemplo por parte de joyeros, inversores o bancos centrales, hará subir los precios si la oferta no sigue el ritmo. Por el contrario, si la oferta de oro aumenta y la demanda disminuye, el precio del oro bajará.

Acontecimientos geopolíticos

Los acontecimientos geopolíticos y la incertidumbre económica mundial también influyen en el precio del oro. En épocas de tensión geopolítica o inestabilidad económica, los inversores buscan generalmente activos seguros para proteger su patrimonio, lo que aumenta la demanda de oro y, a su vez, hace subir su precio.

Un acontecimiento geopolítico que ha influido en el precio del oro es la pandemia de COVID-19, que comenzó en 2020. Ante la incertidumbre económica mundial provocada por la pandemia, muchos países trataron de reforzar sus reservas de oro como activo seguro y reserva de valor.

Entre estos países figuran Rusia, China, Estados Unidos y Arabia Saudí, así como Turquía, India, Kazajstán y Polonia.

Estas compras masivas de oro por parte de los bancos centrales han contribuido a un aumento de la demanda de oro, y a una subida significativa de su precio....

En 2020, el precio del oro alcanzó un máximo histórico, superando los 2.000 dólares la onza por primera vez en la historia. Este ejemplo ilustra cómo influyen en el precio del oro los acontecimientos geopolíticos y la incertidumbre económica mundial.

CAPÍTULO 2:

LAS DIFERENTES FORMAS DE INVERSIÓN EN ORO

1. MONEDAS DE ORO: TIPOS, VENTAJAS E INCONVENIENTES

Tipos de monedas de oro

Las monedas de oro son monedas acuñadas en oro por diversas instituciones monetarias de todo el mundo. Estan generalmente disponibles en diferentes tamaños y pesos, desde 1/10 de onza hasta 1 onza de oro.

¿Qué es una onza?

La onza es una unidad de medida de masa utilizada principalmente para pesar metales preciosos como el oro, la plata y el platino. Una onza troy, la unidad de medida más utilizada para los metales preciosos, equivale aproximadamente a 31,1035 gramos. Esta unidad de medida tiene su origen en el Imperio Romano y se ha ido adaptando a lo largo del tiempo.

→ La onza troy se creó para facilitar el comercio de metales preciosos estableciendo una unidad de medida estándar que permitiera a inversores, comerciantes e instituciones monetarias comparar e intercambiar fácilmente estos metales.

Como inversor, es importante comprender la medida de la onza troy para poder evaluar y comparar diferentes opciones de inversión en metales preciosos. Los precios de los metales preciosos se cotizan generalmente en dólares por onza troy en los mercados financieros, y productos como las monedas y lingotes de oro se venden generalmente en fracciones de onza troy (por ejemplo, 1/10, 1/4, 1/2 o 1 onza). Conociendo la medida en onzas troy, los inversores pueden calcular el coste total de una inversión en metales preciosos y determinar si se ajusta a su presupuesto y a sus objetivos financieros.

Entre las monedas de oro más populares y reconocidas se encuentran :

- El águila de oro estadounidense
- El Krugerrand sudafricano
- Hoja de arce canadiense
- Filarmónica de Austria
- La Britannia británica

Estas monedas se acuñan generalmente con una pureza de oro de 22 o 24 quilates.

Las ventajas de las monedas de oro

- Liquidez: las monedas de oro son fáciles de comprar y vender debido a su popularidad y reconocimiento mundial. Como inversor, puedes venderlas con bastante rapidez si lo necesitas.

- Pureza garantizada: las monedas de oro emitidas por instituciones monetarias oficiales tienen una pureza y un peso garantizados, lo que asegura la calidad de la inversión. No se arriesgue a ser engañado comprando una moneda en el mercado negro o una que ni siquiera sea de oro....

Desgraciadamente, este tipo de incidentes sigue ocurriendo a los inversores novatos.

- Flexibilidad: Las monedas de oro ofrecen una mayor flexibilidad a los inversores, por que están disponibles en diferentes tamaños y pesos, lo que permite que la inversión se adapte a todos los presupuestos.

- Coleccionismo: las monedas de oro se coleccionan generalmente por su valor numismático y su diseño, además de por su valor intrínseco. Al igual que el vino, los coches de época o los relojes de lujo, invertir en monedas de oro puede considerarse una inversión de placer. Los inversores y coleccionistas aprecian no sólo el valor financiero de estas monedas, sino también su belleza artística, su historia y su rareza. Como resultado, algunas monedas de oro pueden adquirir un valor adicional como objetos de colección, más allá de su simple valor en oro.

Valor numismático

→ El valor numismático es el valor asignado a una moneda por su interés histórico, rareza, estado de conservación y demanda entre los coleccionistas, más que por su contenido en metales preciosos.

En otras palabras, el valor numismático es el valor añadido que los coleccionistas e inversores están dispuestos a pagar por poseer una moneda concreta debido a estos factores distintivos. Este valor está en general superior al valor intrínseco de la moneda, que viene determinado por la cantidad de metal precioso que contiene.

Los inconvenientes de las monedas de oro

- Primas: las monedas de oro se venden generalmente con una prima sobre el precio del oro, debido a los costes de fabricación, distribución y comercialización. Esta prima reduce la rentabilidad de la inversión. No te preocupes, más adelante veremos cómo entender y calcular la prima para maximizar la rentabilidad.

- Costes de almacenamiento: las monedas de oro requieren un almacenamiento seguro, lo que supone en general costes adicionales para los inversores.

- Volatilidad numismática: el valor numismático de una moneda de oro, que depende de su rareza y estado de conservación, está sujeto a fluctuaciones, lo que añade un elemento de riesgo a la inversión.

B. LINGOTES Y PEQUEÑOS LINGOTES: TIPOS, VENTAJAS E INCONVENIENTES

Tipos de lingotes de oro

Los lingotes de oro son pequeños lingotes puro, generalmente producidas por fundiciones y refinerías reconocidas. Están disponibles en diferentes tamaños y pesos, desde unos pocos gramos hasta varios kilogramos.

Los lingotes de oro son versiones más pequeñas de los lingotes, que utilizan generalmente los inversores particulares para facilitar su tenencia, almacenamiento y reventa.

Las ventajas de los lingotes de oro

- Pureza y calidad garantizadas : La pureza y calidad de los lingotes y pequeños lingotes estan generalmente certificadas, lo que tranquiliza a los inversores sobre el valor de su inversión.

- Menor coste por onza: Los lingotes y pequeños lingotes ofrecen generalmente un menor coste por onza que las monedas de oro, porque se producen en mayores cantidades y su fabricación cuesta menos. Explique un poco más y de forma simple a mis lectores por qué

- Fácil de almacenar y transportar: los lingotes y pequeños lingotes son fáciles de almacenar y transportar, gracias a su forma compacta y estandarizada.

Las desventajas de los lingotes de oro

- Menor liquidez: revender lingotes y pequeños lingotes en general es más difícil que revender monedas de oro, debido a su tamaño y mayor valor. Como inversor, es posible que tengas que vender a precios ligeramente inferiores para encontrar un comprador rápidamente.

- Costes de fabricación y almacenamiento: al igual que la compra de monedas de oro, la inversión en lingotes y pequeños lingotes conlleva costes adicionales de fabricación y almacenamiento, sobre todo para los inversores que optan por almacenarlos en instalaciones seguras.

- Sin valor numismático: a diferencia de las monedas de oro, los lingotes y pequeños lingotes no tienen generalmente valor numismático. Se compran y venden puntualmente por su contenido en oro.

C. Elegir la inversión adecuada a sus necesidades

Es esencial elegir la forma de inversión en oro que mejor se adapte a sus objetivos financieros, tolerancia al riesgo y preferencias personales. Aquí estan algunos puntos a tener en cuenta para ayudarle a tomar la decisión correcta.

Objetivos de inversión

Determine si invierte en oro principalmente para preservar su patrimonio, para diversificar su cartera o para coleccionar objetos con valor numismático.

Si quiere ser lo más rentable posible

→ Le sugiero que sea partidario de poseer oro en forma de lingotes y barras. Esto se debe a, como se ha mencionado anteriormente, el coste de las monedas de oro son generalmente superior en términos de valor intrínseco.

Cuando compra monedas de oro, en general paga una prima superior al valor real del oro que contienen. Esta prima cubre los costes de fabricación, distribución y el valor numismático asociado a la moneda.

Por otro lado, los lingotes y las pequeños lingotes tienen generalmente primas más bajas, por lo que puede comprar más oro con el mismo presupuesto.

Si busca protección contra la inflación

→ Los lingotes y pequeños lingotes son más apropiados, por que estas formas de oro tienen primas más bajas en comparación con el valor real del oro que contienen. De este modo, optimiza su inversión en oro, preservando su poder adquisitivo.

Si quiere diversificar su cartera

→ Recomiendo invertir en distintas formas de oro y otros activos relacionados con el oro para tener una estrategia sólida. Al diversificar la cartera, se reducen los riesgos asociados a la concentración en un único tipo de inversión.

En este caso, podría plantearse invertir en una combinación de oro en forma de lingotes, barras y monedas, así como en activos como acciones de empresas mineras auríferas y fondos cotizados en bolsa (ETF) basados en oro.

No te preocupes, ¡más adelante te lo explicaré todo con mucho más detalle!

Si la liquidez es importante para usted

→ Las monedas de oro populares y reconocidas son más fáciles de vender a diferencia de los lingotes, por que gozan de una mayor demanda y son generalmente más fáciles de comerciar.

No obstante, los lingotes y pequeños lingotes de tamaño estándar emitidos por fundiciones reconocidas también pueden ofrecer liquidez suficiente, pero en general le resultará más rápido vender monedas.

Si quiere convertirse en un coleccionista apasionado

→ Las monedas de oro son entonces mucho más interesantes para ti.

CAPÍTULO 3: CÓMO EVALUAR LA CALIDAD Y EL VALOR DEL ORO

A. La pureza del oro: quilates y finura

Quilates

¿Quiere invertir en oro? Debe saber cómo se determina la calidad del oro. La pureza del oro en general se expresa en quilates o finura.

El término "quilate" se utiliza para describir la proporción de oro puro en una aleación.

Un quilate de oro equivale a 1/24 de la masa total de la aleación. Así, el oro 100% puro se designa con 24 quilates (24k).

→ Cuanto mayor es el número de quilates, mayor es el contenido de oro puro.

Aquí estan algunos ejemplos de pureza en quilates:

- Oro de 24 quilates (24k): 100% oro puro
- Oro de 22 quilates (22k): 91,67% de oro puro
- Oro de 18 quilates (18k): 75% de oro puro
- Oro de 14 quilates (14k): 58,33% de oro puro

→ Dependiendo del país, la pureza del oro utilizado varía según las normas locales y las tradiciones culturales.

En la India: el oro es una parte esencial de la cultura india, y la mayoría de las joyas se fabrican con oro de 22 quilates (91,67% de oro puro). Sin embargo, en la India también hay oro de 18 quilates (75% de oro puro) y de 24 quilates (100% de oro puro).

Estados Unidos y Reino Unido: en estos países, el oro de 14 quilates (58,33% de oro puro) y el oro de 18 quilates (75% de oro puro) se utilizan habitualmente en joyería. El oro de 24 quilates (100% de pureza) en general se reserva para lingotes y monedas.

Oriente Próximo: los países de Oriente Próximo, como Emiratos Árabes Unidos y Arabia Saudí, prefieren generalmente el oro de 22 quilates (91,67% de oro puro) y el oro de 24 quilates (100% de oro puro) para sus joyas.

Europa continental: las normas europeas para las joyas de oro varían, pero el oro de 18 quilates (75% de oro puro) es en general la norma más común. También puede encontrar en el mercado oro de 14 quilates (58,33% de oro puro) y oro de 22 quilates (91,67% de oro puro).

→ Es absolutamente necesario que tengas en cuenta todas estas variaciones antes de realizar una compra en el extranjero, por que todos estos factores influyen en el valor de tu inversión.

La finura

Por otro lado, la finura expresa el contenido de oro puro en milésimas. Por ejemplo, el oro 100% puro tiene una ley de 999,9 milésimas (o simplemente 0,9999). Cuanto mayor es la finura, más puro el oro. La finura se utiliza por lo general para medir la finura de los lingotes y pequeños lingotes.

Aquí estan algunos ejemplos de finura:

- Oro 9999: oro con una pureza del 99,99

- Oro .9167: 91,67% de oro puro
- Oro .7500: 75% de oro puro
- 5850 oro: 58,50% de oro puro

A la hora de comprar oro en forma de monedas, lingotes o barras, es fundamental conocer la finura del oro, por que influye directamente en su valor intrínseco. En general, los inversores prefieren oro de gran pureza (24 quilates o 0,9999 de ley) para maximizar el valor de su inversión.

B. PESOS, TAMAÑOS Y PRECIOS DE LAS MONEDAS, LINGOTES Y BARRAS DE LINGOTES

Sea vigilante

Tenga en cuenta que los precios que se muestran a continuación son estimaciones basadas en medias de los últimos 5 años y están sujetos a fluctuaciones en función de las condiciones del mercado y los cambios en el precio del oro. Le recomiendo que compruebe los precios actuales y compare las ofertas de distintos proveedores antes de realizar una compra.

Cuadro

Tipos	Peso	Tamaño aproximado	Precio approximado €)
moneda de oro	1/10 onza (3,11 g)	16 mm	150
moneda de oro	¼ onza (7,78 g)	22 mm	375
moneda de oro	½ onza (15,55 g)	27 mm	750
moneda de oro	1 onza (31,1 g)	32 mm	1 500
lingote de oro	1 g	8 mm x 14 mm	55
lingote de oro	5 g	15 mm x 25 mm	275
lingote de oro	10 g	20 mm x 30 mm	550
lingote de oro	20 g	25 mm x 40 mm	1 100

C. La prima de oro

La prima del oro

La prima del oro es la diferencia entre el precio de una moneda, lingote o barra de oro y el valor del oro que contiene, basada en el precio al contado del oro.

→ En otras palabras, la prima representa el coste adicional que se paga por poseer oro en una forma determinada, por encima del valor intrínseco del propio oro.

La prima en general cubre los costes de fabricación, distribución y comercialización, así como el margen de beneficio del vendedor. Las monedas de tienen generalmente primas más altas que los lingotes, debido a su valor numismático, su diseño y su tirada limitada.

Cálculo fácilmente la prima del oro

Para calcular la prima del oro, debe conocer el precio del oro al contado, el peso y la pureza de la moneda, del lingote o de un pequeño lingote que desea comprar, y el precio total que está pagando por esa forma de oro. Estos son los pasos a seguir para calcular la prima:

1. Convierte el peso del oro en onzas troy (1 onza troy = 31,1 gramos) si es necesario.

2. Multiplique el peso en onzas troy por el precio al contado del oro para obtener el valor intrínseco del oro.

3. Divida el precio total que paga por el peso en onzas troy para obtener el precio por onza que paga.

4. Reste el valor intrínseco del oro (paso 2) del precio por onza que paga (paso 3) para obtener la prima del oro.

Ejemplo

Supongamos que quiere comprar una moneda de oro de una onza con una pureza de 24 quilates por 1.600 euros. El precio del oro al contado es de 1.500 euros la onza.

1. La moneda ya pesa 1 onza troy, así que no hace falta convertirla.

2. El valor intrínseco del oro es de 1.500 euros (1 onza x 1.500 euros/onza).

3. El precio que se paga por onza es de 1.600 euros (1.600 euros / 1 onza).

4. La prima sobre el oro es de 100 euros (1.600 - 1.500 euros).

En este ejemplo, usted paga una prima de 100 euros por la moneda de oro de una onza.

D. FACTORES QUE INFLUYEN EN EL VALOR DEL ORO

Lingotes y pequeños lingotes, menor coste por onza

Los lingotes y pequeños lingotespequeños lingotes ofrecen generalmente un coste por onza inferior al de las monedas de oro, porque su proceso de fabricación es más simple y económico.

Aquí estan las razones de esta diferencia de costes:

- Producción en serie: los lingotes y pequeños lingotes se producen en grandes cantidades, lo que permite beneficiarse de economías de escala. En otras palabras, cuantas más unidades se produzcan, más barata será la fabricación de cada unidad.

- Producción simplificada: los lingotes y pequeños lingotes generalmente se fabrican mediante un proceso de fundición o laminación, que es menos costoso que acuñar monedas de oro. Las monedas, por otro lado, requieren un proceso de acuñación más complejo, con troqueles y equipos específicos para dar a las monedas su forma y detalles únicos.

- Sin valor numismático: los lingotes de oro se valoran principalmente por su contenido en oro puro, independientemente de su diseño o valor numismático. Las monedas de oro, por otro lado, pueden tener un valor numismático añadido basado en su rareza, historia o estética. Este valor numismático adicional puede traducirse en un mayor coste por onza para las monedas de oro que para los lingotes y las pequeñas.

Oferta y demanda

La oferta y la demanda de oro en el mercado mundial influyen considerablemente en su precio.

→ El aumento de la demanda de oro para inversión, joyería o industria casi siempre conlleva una subida de los precios.

→ A la inversa, una disminución de la demanda o un aumento de la oferta provoca una caída de los precios.

Tipos de interés

Los tipos de interés fijados por los bancos centrales también influyen en el precio del oro.

→ Cuando los tipos de interés son bajos, se reduce el coste de oportunidad de poseer oro, lo que lo hace más atractivo como inversión y puede hacer subir los precios.

→ Cuando suben los tipos de interés, aumenta el coste de oportunidad de mantener oro, lo que lleva a los inversores a recurrir a otros activos, reduciendo la demanda de oro y haciendo bajar los precios.

Inflación

Como ya sabe, el oro en general se considera como una cobertura contra la inflación.

→ En cuanto la inflación es alta, el valor de las divisas cae, lo que lleva a los inversores a comprar oro para preservar su poder adquisitivo. Como consecuencia, una mayor inflación puede provocar un aumento de la demanda de oro y una subida de los precios.

Inestabilidad económica y política

El oro se considera un refugio seguro en tiempos de incertidumbre económica o política.

→ Cuando los mercados bursátiles son volátiles o los grandes acontecimientos políticos crean incertidumbre, los inversores recurren más por lo general al oro para proteger su patrimonio, lo que provoca un aumento de la demanda y de los precios.

Dólar estadounidense

El precio del oro en dólares estadounidenses en general se cotiza. En consecuencia, la fortaleza del dólar influye en el precio del oro.

→ A medida que el dólar se aprecia frente a otras divisas, el precio del oro tiende a bajar, por que resulta más caro para los inversores que poseen otras monedas.

→ Por el contrario, cuanto el dólar se debilita, más el precio del oro subirá.

A principios de 2008, el tipo de cambio entre el euro y el dólar estadounidense rondaba los 1,47 dólares por euro.

Sin embargo, como consecuencia de la crisis financiera y la recesión que la siguió, los inversores se volcaron en el oro como refugio seguro, lo que provocó un aumento de la demanda y una subida de los precios del oro.

Entre enero de 2008 y septiembre de 2011, el precio del oro pasó de 600 dólares a cerca de 1.900 dólares ¡la onza!

Durante el mismo periodo, el valor del dólar estadounidense fluctuó frente al euro. Como consecuencia, los inversores europeos vieron afectados sus rendimientos por estas fluctuaciones.

En diciembre de 2008, el tipo de cambio entre el euro y el dólar estadounidense cayó hasta situarse en torno a 1,25 dólares por euro. Esto significó que el oro era más barato para los inversores europeos, por que tenían que gastar menos euros para comprar la misma cantidad de oro en dólares estadounidenses.

Sin embargo, en junio de 2010, el tipo de cambio entre el euro y el dólar estadounidense se había recuperado hasta situarse en torno a 1,49 dólares por euro. Para entonces, el precio del oro también había subido. Los inversores europeos que habían comprado oro en 2008, cuando el tipo de cambio era más favorable, se beneficiaron por tanto de una mayor rentabilidad debido tanto a la apreciación del oro como a la variación del tipo de cambio.

Este ejemplo ilustra la importancia de tener en cuenta las fluctuaciones monetarias a la hora de invertir en oro, por que pueden tener un impacto significativo en la rentabilidad global de sus inversiones.

CAPÍTULO 4: ESTRATEGIAS DE INVERSIÓN Y DIVERSIFICACIÓN DE CARTERAS CON ORO

A. ¿CUÁNTO ORO POSEO?

Entre el 5% y el 20% de los activos totales

Por lo general, se recomienda invertir en oro entre el 5% y el 20% del total de sus activos. Este porcentaje varía, por supuesto, en función de la situación financiera, los objetivos de inversión y la tolerancia al riesgo de cada persona.

¿Por qué del 5% al 20%?

El intervalo del 5% al 20%se recomenda en general por una serie de razones prácticas:

- Diversificación: el oro en general se considerauna clase de activos distinta de la renta variable, la renta fija y el sector inmobiliario. Invertir entre un 5% y un 20% de su patrimonio en oro le ayuda a diversificar sus activos y reducir los riesgos asociados la volatilidad de otras clases de activos.

- Protección contra la inflación: el oro actuado históricamente como cobertura contra la inflación. Invertir entre el 5% y el 20% de sus activos en oro ayuda a preservar su poder adquisitivo en caso de inflación elevada.

- Estabilidad: En general el oro se considera como un valor refugio en tiempos de turbulencias económicas e incertidumbre en los mercados financieros. Al invertir entre un 5% y un 20% de sus activos en oro, puede beneficiarse de esta relativa estabilidad y reducir el impacto de las fluctuaciones del mercado en el rendimiento global de su cartera.

- Liquidez: invertir menos del 5% de sus activos en oro puede no facilitar suficiente diversificación y protección frente a la inflación y la volatilidad. Por otro lado, invertir más del 20% de sus activos en oro reduce la liquidez de la cartera, por que el oro físico es menos fácil de convertir en efectivo que otros activos como la renta variable o la renta fija.

B. Los 3 ejemplos

Le daré 3 ejemplos para ilustrar cómo varía la proporción de oro en una cartera según el nivel de riqueza y de ingresos.

Ejemplo 1

- Activos totales: 50.000 euros (ingresos modestos)
- Contenido de oro recomendado: 5% a 10%.
- Inversión en oro: entre 2.500 euros (5%) y 5.000 euros (10%)

En este ejemplo, el inversor tiene unos ingresos modestos y un patrimonio limitado. Por lo tanto, es aconsejable dedicar una proporción menor de su cartera al oro, para mantener un cierto grado de liquidez y poder hacer frente a gastos imprevistos.

Ejemplo 2

- Activos totales: 200.000 euros (renta media)

- Contenido de oro recomendado: 10% a 15%.
- Inversión en oro: entre 20.000 euros (10%) y 30.000 euros (15%)

En este caso, el inversor tiene unos ingresos intermedios y una mayor riqueza. Por lo tanto, puede permitirse aumentar la proporción de oro en su cartera para obtener una protección adicional frente a las fluctuaciones del mercado y diversificar sus activos.

Ejemplo 3

- Activos totales: 1.000.000 euros (ingresos altos)
- Contenido de oro recomendado: 15% a 20%.
- Inversión en oro: entre 150.000 euros (15%) y 200.000 euros (20%)

En este último ejemplo, el inversor tiene unos ingresos elevados y un patrimonio considerable. Por tanto, podría plantearse aumentar la proporción de oro en su cartera para proteger todavía más sus activos y protegerse de las incertidumbres económicas.

→ *Estos ejemplos son meramente ilustrativos y no constituyen aconsejos financiero. Cada inversor debe adaptar la proporción de oro de su cartera en función de su situación personal, sus objetivos de inversión y su tolerancia al riesgo.*

SEGUNDA PARTE: ORO FÍSICO

"El oro sigue siendo la forma de pago por excelencia en el mundo. En el peor de los casos, el dinero fiduciario ya no será aceptado por nadie, mientras que el oro seguirá siéndolo".

Alan Greenspan

CAPÍTULO 5:

ELEGIR EL TIPO DE ORO ADECUADO PARA SU PERFIL

A. ELIJIR ENTRE MONEDAS, LINGOTES Y PEQUEÑOS LINGOTES SEGÚN SU PERFIL

La forma de oro mejor se para sus objetivos

Como parte de una estrategia de inversión y diversificación del patrimonio, es esencial elegir la forma de oro que mejor se adapte a sus objetivos y su perfil de inversor. Cada tipo de oro físico (monedas, lingotes y pequeños lingotes) tiene sus propias características.

Invertir en distintas formas de oro le permite beneficiarse de las ventajas específicas de cada tipo y, al mismo tiempo, reducir los riesgos asociados a concentrarse en una sola forma. Estos son algunos aspectos que debe tener en cuenta al diversificar su cartera con distintas formas de oro.

Monedas de oro

Ideal si busca una inversión con valor numismático, histórico o artístico, además del valor intrínseco del oro.

→ Son adecuados para los inversores que desean mantener pequeñas cantidades de oro para una mayor flexibilidad.

Si eres principiante, te recomiendo que empieces con monedas de oro. Eso es exactamente lo que hice.

No importa de cuánto capital disponga (a menos que ya sea millonario), le permitirá familiarizarse con este nuevo tipo de inversión, sin tener que gastar grandes sumas como haría con los lingotes.

- Tipo de inversor: principiante o inversor modesto (con pasión por la historia o los objetos de colección).
- Patrimonio: moderado, entre 5.000 y 30.000 euros.
- Ocupación: Empleado, profesor, enfermero, técnico o cualquier otra ocupación con ingresos estables.
- Ingresos: ingresos anuales de entre 20.000 y 50.000 euros que les permitan destinar parte de sus ahorros a la compra de monedas de oro.

Este inversor se siente en general atraído por las monedas de oro por su valor, pero también por los aspectos históricos, artísticos y numismáticos, que añaden un aspecto interesante a su inversión.

Las monedas de oro también ofrecen cierta flexibilidad en términos de reventa, lo que conviene a este tipo de inversor.

Pequeños lingotes de oro

Los pequeños lingotes de oro son una sabia elección para los inversores que desean familiarizarse con el mercado del oro sin invertir grandes sumas. También ofrecen flexibilidad en términos de tenencia, almacenamiento y reventa.

→ Los pequeños lingotes de oro son ideales para las personas con rentas medias, que buscan un compromiso entre la asequibilidad de las monedas de oro y la eficiencia de los lingotes.

- Tipo de inversor: Principiante o prudente
- Patrimonio: Modesto, con activos que oscilan entre 50.000 y 200.000 euros
- Tipo de trabajo: Oficinista, profesor, enfermero, técnico o cualquier otro trabajo con ingresos estables.
- Ingresos: ingresos anuales entre 25.000 y 40.000 euros

Lingotes de oro

Los lingotes de oro son adecuados para los inversores que buscan una forma más económica de invertir en oro, con primas más bajas que las monedas de oro.

→ Los lingotes de oro generalmente se consideran adecuados para personas con un patrimonio y unos ingresos elevados.

- Tipo de inversor: Inversor a medio y largo plazo
- Activos: Entre 200.000 y 1.000.000 de euros
- Profesión: profesión liberal, alto ejecutivo o empresario
- Ingresos anuales: entre 50.000 y 100.000 euros

Estos inversores prefieren los lingotes de oro para beneficiarse de un menor coste por onza y primas más bajas que las monedas de oro, al tiempo que pueden mantener grandes cantidades de oro para diversificar sus activos.

B. Frecuencia de compra

Compra puntual frente a compra habitual (dollar-cost averaging)

Una de las opciones importantes para un inversor en oro físico es si realizar una compra puntual o compras habitual. Ambos punto de vistapuntos de vista tienen sus ventajas e inconvenientes, y es importante tenerlos en cuenta para determinar qué estrategia le conviene más.

→ Compra puntual

Un inversor puede optar por comprar oro de una sola vez, con el objetivo de obtener una rentabilidad a largo plazo. Este planteamiento puede resultar atractivo si se dispone de un gran capital para invertir y si se considera que ahora es un buen momento para entrar en el mercado del oro. Sin embargo, una compra puntual presenta un mayor riesgo en cuanto a la oportunidad, por que es difícil predecir las fluctuaciones del mercado y el precio del oro puede variar considerablemente a corto plazo. En otras palabras, podría estar comprando oro cuando el precio está mucho más alto de lo habitual...

→ Compra habitual (dollar-cost averaging)

Esta estrategia consiste en invertir una cantidad fija a intervalos habitual es (por ejemplo, 200 euros de oro cada mes o trimestre). El promediado del coste en dólares tiene la ventaja de suavizar las fluctuaciones del precio del oro durante un periodo más largo y reducir el riesgo de mala sincronización. Este punto de vistapunto de vista es especialmente adecuado para los inversores que desean constituir una reserva de oro gradualmente sin preocuparse por las fluctuaciones de precios a corto plazo.

Consideraciones sobre el momento de la inversión

El momento oportuno para invertir en oro es un factor clave para maximizar la rentabilidad. Sin embargo, "cronometrar el mercado" es una tarea difícil, también para profesionales e inversores experimentados.

Dado que las tendencias del mercado, los acontecimientos económicos mundiales, la política monetaria y los tipos de interés influyen en los precios del oro, es casi imposible predecir con exactitud los movimientos del mercado a corto plazo.

"Cronometrar el mercado" en general lleva errores costosos...

Para los inversores menos experimentados o los que no disponen del tiempo o los conocimientos necesarios para vigilar constantemente el mercado del oro, la estrategia preferible es el promediado del coste en dólares (DCA).

Este punto de vista suaviza el precio de compra del oro durante un periodo más largo y reduce el riesgo de un mal momento. Al invertir con regularidad, se compra oro a distintos niveles de precio y se obtiene un precio medio de compra más favorable a medio y largo plazo.

CAPÍTULO 6:

CÓMO COMPRAR Y REVENDER SU ORO

A. ENCONTRAR COMERCIANTES DE ORO FIABLES Y DE BUENA REPUTACIÓN

Busque revendedores de confianza

Encontrar revendedores fiables y reputados es crucial para garantizar transacciones seguras y evitar ser estafado... Las estafas y los fraudes abundan en todos los ámbitos relacionados con el dinero. Por eso te recomiendo que tomes las siguientes medidas.

Opte por marcas reconocidas en la industria del oro, como GoldCore, BullionVault o JM Bullion. Estas empresas han consolidado su reputación ofreciendo productos de calidad y un servicio de atención al cliente fiable.

Si está en Francia

Puede buscar distribuidores acreditados en el sector del oro físico:

- AuCOFFRE.com es una plataforma en línea especializada en la compraventa de oro físico. Ofrecen una selección de productos certificados, verificados, y garantizan su autenticidad. AuCOFFRE.com es conocida por su servicio al cliente de alta calidad y su transparencia.

- Godot et Fils es una empresa familiar francesa especializada en la compraventa de oro físico, incluidas monedas y lingotes. Llevan más de 80 años en el mercado y son conocidos por su fiabilidad y profesionalidad.

- Comptoir National de l'Or es una conocida marca francesa especializada en la compraventa de oro físico. Fundada en 1976, cuenta con una amplia red de sucursales en numerosas ciudades de todo el país. La empresa ofrece diversos productos de oro, como lingotes, monedas y joyas de oro.

→ Estas empresas son auditadas periódicamente por las autoridades competentes para garantizar que sus prácticas son conformes. Sin embargo, eso no significa que debas comprar cualquier cosa a cualquier precio. Sé siempre consciente de tus compras y no te dejes engañar por los argumentos de venta de los vendedores: ¡eres tú quien tiene que ser rentable!

Ver opiniones en línea

Conozca las experiencias de otros clientes leyendo reseñas y testimonios en sitios especializados como Trustpilot, Gold Dealer Reviews o Bullion.Directory. Esto le dará una idea de la satisfacción del cliente y la fiabilidad del vendedor.

Comprobar certificaciones y garantías

Elija revendedorrevendedores certificados por organizaciones de confianza como la LBMA (London Bullion Market Association) o el ICTA (Industry Council for Tangible Assets). Estas certificaciones garantizan la calidad y autenticidad de los productos.

Comparar precios y tarifas

Utilice comparadores de precios en línea como GoldPrice.org, BullionVault o GoldAgente para asegurarse de obtener el mejor precio por su compra. Ten en cuenta también los gastos de envío, las comisiones y los costes de almacenamiento, si los hubiera.

Comprobar opciones de pago

Asegúrese de que el revendedorrevendedor ofrece opciones de pago seguras. Los métodos más habituales son las transferencias bancarias, las tarjetas de crédito y las plataformas de pago seguro en línea, como PayPal.

Política de devoluciones y reembolsos

Antes de realizar una compra, compruebe las condiciones de devolución y reembolso del revendedor. Asegúrate de que existe una garantía de satisfacción del cliente y de que es posible devolver productos defectuosos o no conformes.

Contactar el Servicio al Cliente

Antes de finalizar la compra, no dude en ponerse en contacto con el servicio al cliente del revendedorrevendedor para hacer preguntas o pedir aclaraciones. Así podrá hacerse una mejor idea de su capacidad de respuesta y su profesionalidad.

Comience con pequeñas transacciones

Si es la primera vez que compra oro, empiece con transacciones pequeñas, aunque disponga de medios, para evaluar la fiabilidad del revendedor.

Si emmonedas con transacciones pequeñas, puedes probar su servicio y comprobar la calidad de los productos que recibes. La primera vez que compré oro empecé con una pequeña moneda de 300 euros, ¡no empecé comprando un lingote de 10.000 euros!

B. Trampas a evitar...

Lingotes y monedas falsos

Algunos vendedores han sido denunciados por vender lingotes de oro que resultan ser falsificaciones... Por ejemplo, en 2017 se descubrieron en Alemania lingotes de oro falsos marcados con la marca Heraeus. Las maderas fueran contracapadas de oro, pero contenían wolframio en su interior.

Falsa certificación

Se han registrado casos en los que se han falsificado certificados de autenticidad para dar una falsa impresión del valor y la procedencia de monedas o lingotes de oro. Por ejemplo, en 2018 se detuvo a un vendedor en Estados Unidos por vender monedas de oro falsificadas con certificados de autenticidad falsos.

Fraude en las ventas en línea

Se han denunciado sitios web fraudulentos en los que los clientes realizan pagos para comprar oro, pero nunca reciben los productos. Por ejemplo, en 2020 se descubrió que un sitio web que decía vender oro en línea era una estafa, en la que los clientes perdían su dinero pero nunca recibían los productos que habían pedido.

Oro de la Autobahn

Esta estafa se originó en las autopistas alemanas y luego se extendió por Europa y Estados Unidos. Una persona le para por la calle y necesita llegar rápidamente a un hospital o aeropuerto, pero se ha quedado sin gasolina o sin dinero. La persona le da un collar o una pulsera de oro macizo a cambio de dinero en efectivo. En realidad, se trata de joyas de cobre falsas...

Pirámides de Ponzi

Se han denunciado varios casos de pirámides Ponzi relacionadas con el oro. Por ejemplo, en 2019, una empresa estadounidense, Metals.com, fue procesada por engañar a inversores vendiendo metales preciosos sobrevalorados y utilizando fondos de nuevos inversores para pagar rendimientos a antiguos inversores....

Venta sobrevalorada

Se han denunciado casos de vendedores que ofrecían precios muy superiores al valor real del oro ofertado. En 2016, un vendedor de Francia fue condenado por vender oro a precios muy superiores a su valor real, aprovechándose del desconocimiento de los clientes.

Vendedores no profesionales

Se han dado casos de vendedores poco profesionales que venden oro de mala calidad u ofrecen transacciones engañosas. Por ejemplo, se ha informado de vendedores ocasionales en sitios de anuncios clasificados que venden oro de baja calidad o lingotes falsos.

→ Estos ejemplos de la vida real ponen de relieve la importancia de estar alerta y ser cuidadoso al comprar y vender oro. Es esencial comprobar la autenticidad de los productos, tratar solo con vendedores de confianza e investigar a fondo antes de finalizar una transacción.

En Francia, la AMF (Autorité des Marchés Financiers) es el organismo estatal responsable de regular los mercados financieros y proteger a los inversores. Ofrecen información y advierten sobre estafas financieras, incluido el fraude del oro.

Para comprobar si un sitio de inversión en oro es legítimo y está autorizado por la AMF, puede consultar la lista de proveedores de servicios de inversión autorizados disponible en su sitio web oficial :

Página web de la AMF: www.amf-france.org

En el sitio web de la AMF también encontrará avisos y alertas sobre empresas o sitios web sospechosos relacionados con el oro u otras inversiones fraudulentas.

C. CONSEJOS PARA LA REVENTA

Utilice siempre monedas reconocidas

Privilegiando siempre las monedas corrientes y ampliamente reconocidas en el mercado, facilitará su proceso de venta y encontrará compradores más fácilmente. Estas son las razones por las que debes dar prioridad a las monedas corrientes:

1. Liquidez: las monedas actuales es en general más líquidas, lo que significa que son más fáciles de revender y que existe una gran demanda de ellas en el mercado. Los compradores potenciales se inclinan más por las monedas actuales, por que están familiarizados con ellas y consideran que tienen un valor establecido.

2. Reconocimiento internacional: monedas comunes como el Krugerrand sudafricano, la Hoja de Arce canadiense, el Águila estadounidense y la Britannia británica son reconocidas y aceptadas en todo el mundo. Puede

venderlas más fácilmente, independientemente del país en el que se encuentre, en comparación con una moneda mucho menos reconocida que será más difícil de revender.

3. Precio competitivo: como las monedas actuales tienen mayor demanda, se negocian generalmente a precios competitivos. Es más probable que obtengas un precio justo y atractivo cuando vendas tus monedas.

4. Accesibilidad: Las monedas comunes son generalmente más accesibles en términos de disponibilidad. Puedes comprarlas en comercios especializados, bancos o plataformas online, lo que facilita su adquisición y posterior venta.

Determinación de la demanda de monedas

Le recomiendo que consulte sitios especializados como Kitco.com, APMEX.com o distribuidores de confianza como GoldCore, BullionVault o Comptoir National de l'Or.

Ofrecen información sobre los precios de mercado, la demanda y la popularidad de las distintas monedas de oro.

Considere diferentes opciones

- Distribuidores especializados: los distribuidores especializados en oro físico, como GoldCore, BullionVault o Comptoir National de l'Or, ofrecen servicios de venta seguros y fiables. Pueden ayudarle a evaluar sus monedas, determinar su valor de mercado y ofrecerle un precio competitivo.

- Subastas en línea: las plataformas de subastas en línea especializadas en la venta de oro físico pueden ser una opción interesante para vender sus monedas y lingotes.

Tomar algunas precauciones

- Verifica la reputación del distribuidor: mira las opiniones de clientes anteriores y verifica su reputación en Internet. Elige un revendedor fiable y reputado para evitar posibles problemas.

- Compara ofertas: antes de vender tus monedas, recibe varias ofertas de distintos revendedores o plataformas. Compara los precios ofrecidos, las tasas y las condiciones de venta para elegir la mejor oferta.

- Conserve los documentos: en el momento de la venta, conserve todos los documentos, incluidas las facturas, los certificados de autenticidad y los extractos de cuenta. Estos documentos son generalmente necesarios para demostrar la autenticidad y procedencia de los artículos.

CAPÍTULO 7: CÓMO ALMACENAR EL ORO EN CASA

A. VENTAJAS E INCONVENIENTES DEL ALMACENAMIENTO DOMÉSTICO

Ventajas

- Acceso inmediato: la ventaja más obvia del almacenamiento en casa es que tiene acceso directo e inmediato a su oro. En caso de crisis económica o emergencia, puedes acceder a tu oro con rapidez.

- Confidencialidad: almacenar su oro en casa le garantiza un alto nivel de confidencialidad. Su inversión sigue siendo privada y sólo la conoce usted o personas de su confianza.

- Sin gastos de custodia: a diferencia de otras opciones de almacenamiento que conllevan gastos periódicos, almacenar el oro en casa no los conlleva.

Desventajas

- Riesgo de robo: el principal riesgo asociado al almacenamiento doméstico es el riesgo de robo. El oro es un bien precioso que atrae a los ladrones. Se recomienda encarecidamente tomar las medidas de seguridad adecuadas para proteger su inversión.

- Responsabilidad: almacenar el oro en casa implica una gran responsabilidad. No sólo hay que asegurarse de que el oro se guarda de forma segura, sino que también hay que protegerlo frente a posibles daños como incendios, inundaciones o pérdidas...

- Seguro: puede resultar difícil y caro asegurar adecuadamente el oro guardado en casa. Las pólizas estándar de seguro de hogar no cubren generalmente objetos preciosos como el oro, o solo hasta cierto límite.

B. Seguro

La importancia de una caja fuerte de alta calidad

Si ha decidido almacenar su oro en casa, puede valer la pena invertir en una caja fuerte de alta calidad. Una caja fuerte sólida es la primera línea de defensa contra los riesgos de robo, incendio e inundación, que nunca deben subestimarse.

Tomemos el ejemplo de Martin, un inversor novato que decidió comprar pequeñas cantidades de oro de forma habitual. Al principio, utilizó una pequeña caja fuerte de oficina, endeble y fácil de transportar, para almacenar sus monedas de oro.

Por desgracia, durante un robo, la caja fuerte fue sustraída y Martin perdió todo su oro. Es una lección difícil, pero que pone de relieve la importancia crucial de una caja fuerte de alta calidad.

Elegir la caja fuerte adecuada

- Caja fuerte resistente al fuego y al agua: opte por un modelo resistente al fuego y al agua. Su oro estará protegido en caso de incendio o daños causados por el agua. Una vez más, es mejor planificar con antelación, aunque estos incidentes sean poco frecuentes.

- Cierre seguro: las cajas fuertes están disponibles con distintos mecanismos de cierre. Las opciones más comunes son cerradura con llave, cerradura de combinación o cerradura biométrica. La elección depende de tus preferencias personales y de tu nivel de comodidad con cada método.

- Puede anclarse en el suelo o en la pared: para mayor seguridad, puede optar por una caja fuerte diseñada para anclarse en el suelo o en la pared. Así será más difícil moverla o llevársela en caso de intento de robo.

Precios seguros

Los precios de las cajas fuertes varían en función de su tamaño, funcionalidad y calidad de fabricación. Admitámoslo, las cajas fuertes de calidad representan una inversión importante, pero ofrecen una protección esencial. Los precios pueden oscilar entre unos cientos de euros y varios miles de euros, en función de sus necesidades específicas.

Para encontrar cajas fuertes adecuadas, puede consultar marcas de renombre como SentrySafe, Fort Knox, Chubb Safes o Burton Safes. Estos fabricantes ofrecen una gama de cajas fuertes de alta calidad y ofrecen generalmente consejo experto para ayudarle a elegir el modelo que se adapte mejor a sus necesidades.

Invertir en una caja fuerte de alta calidad es una inversión inteligente para proteger sus inversiones en oro. Tómese su tiempo para elegir una caja fuerte que ofrezca la mejor seguridad posible, teniendo en cuenta la resistencia al fuego y al agua, el mecanismo de cierre y la posibilidad de anclarla.

→ ¡Haz cuentas! Si tienes que comprar una caja fuerte por valor de 3.000 euros cuando sólo tienes oro por valor de 300 euros para proteger, ¿realmente tiene sentido para ti?

Anclar la caja fuerte

Una caja fuerte de alta calidad no basta por sí sola. Sin un anclaje, un ladrón podría simplemente llevarse la caja fuerte y abrirla más tarde a su antojo....

Por ejemplo, Claire, una inteligente inversora. Compró una caja fuerte de alta calidad y la ancló en el hormigón de su sótano. Durante un intento de robo, los intrusos vieron la caja fuerte, pero no consiguieron abrirla a pesar de sus esfuerzos. El oro de Claire permaneció a salvo gracias a esta simple precaución.

La mayoría de las cajas fuertes de alta calidad vienen con kits de anclaje. Si no, puedes comprar pernos de anclaje en una ferretería. Para la instalación, considera la posibilidad de llamar a un profesional si no te sientes cómodo con este tipo de trabajo.

La elección de una caja fuerte de alta calidad y su correcta instalación son fundamentales para la conservación del oro en el hogar.

Aunque estas precauciones puedan parecer excesivas, marcan la diferencia en caso de siniestro o robo. El oro es una inversión preciosa, por lo que merece ser almacenado a un nivel acorde con su valor.

C. Los escondites

Los secretos de un escondite bien diseñado

Recuerde el adagio popular "Esconde algo a plena vista". El objetivo es elegir un lugar de almacenamiento tan corriente, tan común, que a nadie se le ocurra mirar. Sobre todo porque la mayoría de las cajas fuertes tienen un precio, y a menos que quieras almacenar una gran cantidad de oro, es preferible tener unos cuantos escondites bien pensados para tu cartera.

El arte de la diversión

Imagine el día a día de un ladrón típico. Tienen poco tiempo y buscan objetos de valor en los lugares más obvios:

- Cajones de dormitorio,
- Joyeros,
- Cajones de escritorio,
- Cajas fuertes mal escondidas,
- etc.

Pero, ¿y si el oro estuviera escondido en un saco de harina en la cocina o en una caja de herramientas en el garaje? Probablemente serían los últimos lugares en los que mirarían los ladrones...

Camuflaje e ingenio

Recuerda, ¡el ingenio es tu mejor aliado a la hora de esconder tu oro!

Almacenar el oro no tiene por qué limitarse a un escondite secreto; también puede integrarse de forma natural en el entorno doméstico. Un buen ejemplo de este tipo de estrategia es el de Anne, una experta inversora en oro.

Anne ha ideado una ingeniosa manera de convertir un objeto corriente en una caja fuerte secreta: una lámpara de mesa.

En el salón de su casa hay una vieja lámpara de mesa aparentemente corriente. Pero la cotidianidad de la lámpara esconde un secreto bien guardado.

Ana decidió vaciar el contenido de esta lámpara. Colocó cuidadosamente sus monedas en el interior, antes de volver a colocar la bombilla y la pantalla. ¿El resultado? Una lámpara de mesa perfectamente funcional que no dejaba entrever su precioso contenido.

Esta estrategia lista permitía a Ana tener su oro cerca y protegerlo de miradas indiscretas. Para un observador externo, la lámpara no tendría ningún interés particular. Sin embargo, para Ana, esta lámpara corriente se ha convertido en un precioso escondite.

Otras ideas

- Latas de pintura vacías: Muchos hogares tienen latas de pintura vacías de trabajos anteriores en su garaje o sótano. Estos botes son lugares excelentes para esconder el oro. Sólo tiene que asegurarse de limpiar bien la lata antes de colocar el oro en ella. También puedes dejar un poco de pintura seca para dar la impresión de que la lata todavía está en uso.

- Electrónica: un viejo equipo de alta fidelidad o una grabadora de vídeo son escondites interesantes. Puedes esconder el oro dentro, siempre que no esté dañado por la electricidad residual o el óxido.

- Cajas de herramientas: puede parecer un lugar extraño para esconder el oro, pero puede ser muy eficaz. Los ladrones tienen generalmenteprisa y no se toman el tiempo de registrar a fondo una caja de herramientas. Puedes esconder tu oro en una vieja caja de tornillos o clavos.

- Tuberías de ventilación: si tu casa tiene tuberías de ventilación, son un buen lugar. Mete el oro en una bolsa impermeable y colócala en la tubería.

- Cubos de la ropa sucia: puedes crear un falso forro en el fondo del cubo para almacenar el oro. Es poco probable que un ladrón rebusque en tu ropa sucia...

- Doble fondo: ya sea en un cajón, un armario o también una caja de zapatos, un doble fondo es una forma excelente de esconder el oro. Basta con cortar una tabla del tamaño adecuado, colocarla en el fondo y esconder el oro debajo.

- Muebles con varios compartimentos: algunos muebles, como escritorios antiguos o cómodas,tienen generalmente compartimentos secretos o cajones ocultos. Estos espacios son perfectos para esconder el oro.

- Rodapiés extraíbles: algunas casas tienen rodapiés extraíbles. Puedes crear un espacio para esconder tu oro detrás de estos rodapiés.

- Libros viejos: son lugares excelentes para esconder tu oro. Elige un libro grueso, recorta con cuidado un espacio para el oro y, a continuación, vuelve a colocar el libro en la estantería. Esta es la estrategia que utilicé al principio. Encontré un libro viejo en una caja de donaciones para no estropear un buen libro. Cogí un cúter y corté un espacio en el centro del libro y escondí mis monedas.

- Marcos de cama: muchos marcos de cama tienen un espacio vacío en su interior. Puedes esconder ahí tu oro creando una pequeña abertura.

D. OBJETOS COTIDIANOS FALSOS

Libros ficticios

Empresas como Diversion Safes y Trademark Home ofrecen libros ficticios. A primera vista, se parecen a cualquier otro libro de su estantería, pero contienen un compartimento secreto donde puede almacenar su oro. Estos libros ficticios están disponibles en diferentes tamaños y pueden encargarse por Internet en plataformas como Amazon o eBay.

Latas de refresco y latas falsas

Las latas de refresco falsas son otra forma estupenda de esconder el oro. Empresas como Southwest Specialty Products ofrecen una gama de latas de refresco falsas, latas de comida e también botellas de agua que han sido modificadas para contener un compartimento secreto. Estos productos están disponibles en varias plataformas en línea, como Amazon y Walmart.

Piedras de jardín falsas

Para quienes prefieren almacenar su oro al aire libre, las piedras de jardín falsas son una opción excelente.

Proveedores como Hide-A-Key ofrecen piedras de jardín falsas con compartimentos secretos lo bastante grandes para almacenar varias monedas o pequeños lingotes de oro. Estas piedras también se pueden comprar en sitios como Amazon o Home Depot.

Otros objetos ficticios

Otros proveedores ofrecen una gama todavía más amplia de artículos simulados, desde cepillos para el pelo con compartimentos secretos hasta botellas de limpiador de inodoros simulado...

Puede encontrar estos productos en sitios como Amazon, eBay o también directamente en los sitios web de los fabricantes.

Estos objetos son eficaces para ocultar el oro. Sin embargo, no lo protegen contra el fuego o el agua. Para una protección óptima, recomendamos utilizar estos objetos junto con una caja fuerte de alta calidad.

E. DIVERSIFICACIÓN DE LAS INSTALACIONES DE ALMACENAMIENTO

No ponga todos los huevos en la misma cesta

Adopte un punto de vista diversificado para almacenar su oro físico.

En lugar de poner todos los huevos en la misma cesta, considere la posibilidad de repartir sus inversiones en oro en varios lugares seguros. De ese modo, minimizará el riesgo de pérdida total en caso de robo u otro imprevisto.

El arte de la divulgación: el juego del escondite

Piense en su casa como en un gigantesco juego del escondite. El oro, como objeto de valor, es la recompensa definitiva para el ladrón.

En lugar de poner toda tu recompensa en un solo caché, divídela en varios.

Por ejemplo, puede decidir dividir su oro en 3 lotes.

- queda un lote en la caja fuerte
- el segundo en un libro ficticio de su biblioteca
- la última en una lata de refresco falsa en un armario

Si se descubre uno de estos lugares, ¡todavía tienes dos tercios de tu oro a salvo!

F. Seguridad en el hogar

¿Ha decidido almacenar parte o todo su oro en casa?

No basta con esconder hábilmente el oro; también hay que tomar medidas para disuadir y prevenir los robos. Aquí estan cómo hacerlo.

Cerraduras robustas: su primera línea de defensa

El primer paso para asegurar su casa es reforzar los puntos de entrada, como puertas y ventanas. Las cerraduras de alta calidad marcan la diferencia. Marcas como ABUS y Kaba son conocidas por sus productos robustos y duraderos. Para dificultar la entrada a los ladrones, recomiendo instalar cerraduras de doble cilindro que requieran una llave tanto desde dentro como desde fuera.

El sistema de alarma: su perro guardián silencioso

Un sistema de alarma actúa como un poderoso elemento disuasorio para los ladrones. Hay multitud de opciones disponibles en el mercado, desde sistemas de alarma tradicionales con sensores de movimiento hasta soluciones de seguridad inteligentes como las que ofrecen Nest o Ring. Hoy en día, estos sistemas están generalmente conectados a tu smartphone, para que puedas recibir una alerta si alguien intenta entrar en tu casa.

Cámaras de seguridad: sus ojos cuando no está

Las cámaras de seguridad añaden otro nivel de protección a su hogar. No sólo pueden vigilar su casa en tiempo real, sino que también pueden aportar pruebas en caso de robo. Empresas como Arlo y Blink ofrecen una amplia gama de cámaras de seguridad, desde simples cámaras de interior hasta cámaras de exterior resistentes a la intemperie y con visión nocturna.

Iluminación adecuada para actuar como elemento disuasorio

No pase por alto la importancia de una iluminación adecuada. Las casas bien iluminadas son generalmente evitadas por los ladrones, que prefieren actuar en la sombra. La iluminación exterior, sobre todo más o menos de las entradas, puede ser un elemento disuasorio. Considere opciones como la iluminación sensible al movimiento o luces programadas para encenderse y apagarse a determinadas horas, dando la ilusión de que la casa está ocupada.

Cada medida de seguridad que tome refuerza la protección de su inversión en oro. Recuerde que la seguridad de su hogar es tan importante como la de su oro. Invierta en medidas de seguridad de calidad para asegurarse de que su oro permanece donde debe estar: ¡a salvo con usted!

Una comunidad vigilante

Por último, no subestime el poder de su comunidad. Una de las mejores medidas de seguridad es contar con vecinos atentos que vigilen tu casa y estén al tanto de la presencia de personas y vehículos extraños en el vecindario. Considera la posibilidad de unirte o crear un programa de vigilancia vecinal.

G. Discreción

Jugar la carta de la discreción: cuando la sencillez es la mejor defensa

Cuando pensamos en proteger nuestros objetos de valor, nuestro primer instinto es en general pensar a soluciones de alta tecnología y medidas de seguridad de vanguardia.

Sin embargo, adoptar un punto de vista más sutil es igual de eficaz. A veces, las cosas más simples son las más eficaces para disuadir a los ladrones. En lugar de mostrar abiertamente que tienes algo que proteger, como pueden sugerir las cámaras de vigilancia y los sofisticados sistemas de alarma, puedes optar por la sencillez. Una casa de aspecto corriente y sin objetos de valor evidentes puede disuadir a los ladrones que buscan objetivos fáciles y lucrativos.

Discreción y círculo de confianza

No revele que guarda oro en su casa. No obstante, informar a algunas personas de confianza, como un familiar cercano o un asesor financiero de confianza, es especialmente importante si tiene una cantidad importante de oro, porque en caso de incidente inesperado, sería preferible que alguien supiera dónde está su oro y cómo acceder a él.

Cuidado con las redes sociales...

Con la omnipresencia de las redes sociales en nuestra vida cotidiana, resulta tentador compartir información sobre tus inversiones o mostrar fotos de tus monedas de oro. Esta es una muy mala idea...

Compartir este tipo de información te hace vulnerable a los robos. Asegúrate de que todas tus publicaciones y comparticiones en las redes sociales respetan tu confidencialidad y seguridad.

Seguridad informática

Del mismo modo, asegúrese de que su información financiera, especialmente la relativa a sus inversiones en oro, está bien protegida. Utilice contraseñas seguras y únicas para todas sus cuentas en línea, instale programas antivirus actualizados en todos sus dispositivos electrónicos y manténgase alerta contra el phishing y otras estafas en línea.

H. Seguros

Tener oro en casa, aunque práctico, no está exento de riesgos. También con las medidas de seguridad más estrictas, pueden producirse incidentes como robos o incendios. El riesgo cero no existe.

Comprender la importancia de los seguros

Por mucha seguridad que se tenga en casa, siempre queda un riesgo residual que hay que gestionar. Ahí es donde entra en juego el seguro. Un buen seguro cubrirá el valor de su oro en caso de robo, pérdida o deterioro. Es una inversión necesaria, pero no obligatoria, para proteger su patrimonio.

Explorar las opciones de seguro

Asegurar el oro en casa puede ser complicado y caro, pero hay varias opciones que explorar. Puede buscar aseguradoras especializadas en asegurar metales preciosos. Estas compañías entienden los matices del seguro de oro y ofrecen una cobertura más personalizada.

También puede ampliar su seguro de hogar para que cubra su oro. Tenga en cuenta que no todos los seguros de hogar cubren automáticamente los objetos de gran valor, como el oro. Es posible que tenga que añadir una cláusula adicional a su póliza para obtener una cobertura adecuada.

Comprender la cobertura del seguro

Si contrata un seguro, es fundamental saber exactamente qué está cubierto.

- ¿Su póliza sólo cubre el robo?
- ¿Cubre también su póliza los daños o pérdidas accidentales?
- ¿Existen límites de cobertura para artículos individuales o un límite global para todo su oro?

Asegúrese de formular estas preguntas y obtener respuestas claras.

Inventario

Para facilitar el proceso de reclamación en caso de siniestro, le recomiendo encarecidamente que lleve una documentación clara y actualizada de su oro. Además de un seguro, es una forma excelente de recordar exactamente lo que tienes en tu caja fuerte o en tu alijo.

Un método probado para certificar la legitimidad de sus monedas y lingotes de oro es pesarlos individualmente y fotografiarlos. Utilizando una balanza de precisión, puede demostrar a su aseguradora que cada moneda o lingote de oro corresponde al peso estándar, certificando que no son falsos.

Haz fotos de cada artículo a medida que lo pesas, con el peso claramente visible junto a él. Y guarda todos los recibos o certificados de autenticidad que recibiste cuando compraste el artículo.

Además, lleve un inventario en tiempo real de su oro, con descripciones detalladas y el valor actual de cada moneda o lingote. Así será mucho más fácil reclamar una indemnización a tu compañía de seguros.

Aunque estas medidas parezcan laboriosas, le darán tranquilidad al demostrar inequívocamente la autenticidad y el valor de sus inversiones.

CAPÍTULO 8:

CÓMO ALMACENAR SU ORO CON PROFESIONALES

A. Las ventajas de recurrir a un banco

Una opción tan antigua como el tiempo

Una de las opciones más tradicionales para almacenar oro es la caja fuerte bancaria. Se trata de compartimentos que los bancos ofrecen a sus clientes para almacenar objetos de valor, incluido el oro. Optar por almacenar el oro en una caja fuerte bancaria puede parecer una solución lógica y tranquilizadora. Después de todo, ¿qué puede haber más seguro que un banco?

Mayor seguridad

La ventaja más obvia de almacenar oro en un banco es la seguridad inigualable que ofrece. Los bancos, por la naturaleza de su negocio, cuentan con sistemas de seguridad de última generación diseñados para proteger los preciados activos de sus clientes.

Una caja fuerte bancaria se instala en general en una cámara acorazada, un lugar diseñado para resistir ataques violentos, incendios e también catástrofes naturales. Los sofisticados sistemas de alarma, con múltiples capas de sensores, están ahí para disuadir y denunciar cualquier intento de robo. Las cámaras de vigilancia controlan constantemente estas zonas, y la presencia de guardias de seguridad añade protección humana a la seguridad técnica.

Confidencialidad

Además de seguridad, almacenar oro en un banco también ofrece cierto grado de confidencialidad. El acceso a las cajas fuertes de los bancos en general está muy restringido. Sólo el poseedor de la llave de la caja fuerte y las personas autorizadas tienen acceso a su contenido. Además, los bancos tienen por norma no controlar ni divulgar el contenido de las cajas fuertes de sus clientes.

Sin embargo, esta confidencialidad tiene sus límites. En muchas jurisdicciones, los bancos están obligados a revelar información a las autoridades fiscales o judiciales si tienen un mandato legal para hacerlo.

B. Desventajas de utilizar un banco

Sin seguro

Una de las principales desventajas de almacenar oro en un banco es la falta de seguro para el contenido de su caja de seguridad. En contra de la creencia popular, los seguros bancarios por lo general sólo cubren sus propios activos, no los de sus clientes. Esto significa que si le roban o pierde su oro, el banco no está obligado a indemnizarle por la pérdida.

Para compensar este riesgo, los poseedores de oro por lo general tienen que plantearse contratar un seguro adicional que cubra específicamente los objetos de valor almacenados en cámaras acorazadas bancarias, con un coste adicional.

Acceso limitado

El acceso a su oro almacenado en una caja de seguridad bancaria está limitado al horario de apertura del banco. Si surge una necesidad urgente fuera del horario de apertura del banco, no podrá acceder a su oro. Además, en días festivos o acontecimientos excepcionales, los bancos permanecen cerrados durante varios días consecutivos, lo que retrasa todavía más el acceso a su oro.

Confidencialidad relativa

Aunque los bancos ofrecen un cierto nivel de confidencialidad, no es absoluto. En caso de investigación judicial o fiscal, las autoridades pueden obtener autorización para acceder a su caja de seguridad.

En algunas jurisdicciones, los bancos están legalmente obligados a revelar información sobre las cámaras acorazadas de sus clientes con o sin investigación. Por lo tanto, la confidencialidad que ofrece el almacenamiento de oro en un banco depende en gran medida de la jurisdicción en la que se encuentre.

Crisis financieras y corridas bancarias

Es importante tener en cuenta un escenario que, aunque improbable, podría tener consecuencias catastróficas: una gran crisis financiera o "corrida bancaria". En estas situaciones, los bancos que quiebren o estén sujetos a controles de capital restrictivos podrían impedirle acceder a su oro.

Durante la crisis financiera de 2008, algunos bancos se vieron obligados a cerrar, dejando a sus clientes sin acceso a sus cajas fuertes. Durante la crisis económica de Chipre en 2013, se impusieron estrictos controles de capital y los clientes dejaron de tener acceso a sus depósitos, incluidas las cajas de seguridad....

En otros países, los gobiernos han llegado a veces a confiscar el oro directamente de las cámaras acorazadas para saldar una deuda o una crisis...

C. LAS VENTAJAS DE LAS EMPRESAS ESPECIALIZADAS

Seguridad y seguros avanzados

Una de las principales ventajas de recurrir a empresas especializadas es el nivel de seguridad que ofrecen. Estas empresas están equipadas con infraestructuras de última generación, sistemas de vigilancia 24/7 y rigurosos protocolos de seguridad para garantizar la seguridad de su oro. Además, a diferencia de la mayoría de los bancos, ofrecen generalmente soluciones de seguros que cubren el valor total de su oro en caso de siniestro, lo que aumenta todavía más la seguridad de su inversión.

Acceso flexible

La flexibilidad es una otra gran ventaja. Mientras que los bancos están generalmente limitados por sus horarios de apertura, las empresas especializadas generalmente ofrecen acceso a su oro las 24 horas del día, los 7 días de la semana. Tanto si necesita su oro urgentemente como si simplemente quiere comprobar su depósito, tendrá la libertad de hacerlo en cualquier momento.

Sitio estratégica

Por último, el sitio de estas empresas es una gran ventaja. Varias de estas empresas especializadas, como GoldSwitzerland (Matterhorn Asset Management), ofrecen opciones de almacenamiento de oro en Suiza. Suiza, famosa por su estabilidad política y económica, no ha vivido ningún conflicto en su suelo desde la Guerra de la Sonderbund en 1847. Esta estabilidad de más de 170 años convierte a Suiza en un refugio seguro para el oro. Este factor resulta especialmente atractivo para quienes desean diversificar el lugar de almacenamiento internacional de su oro a fin de reducir el riesgo.

Hong Kong y Singapur son otros dos destinos principales que las empresas seguren generalmente para almacenar oro. Hong Kong es un reconocido centro financiero mundial con una sólida gobernanza y estabilidad. Además, su proximidad a China, el mayor consumidor mundial de oro, puede ser una ventaja para algunos inversores.

Singapur está considerado uno de los países más seguros y estables del mundo. Además de una sólida gobernanza y un entorno normativo robusto, Singapur ofrece un alto nivel de seguridad física, con un índice de delincuencia extremadamente bajo.

El Reino Unido es otro destino popular para el almacenamiento de oro, especialmente Londres, uno de los principales mercados de oro del mundo. Con una larga y rica historia en el comercio del oro, el Reino Unido ofrece una experiencia inigualable y unas instalaciones de almacenamiento muy seguras. Además, el sistema jurídico del Reino Unido está bien establecido y ofrece un alto nivel de protección a los inversores.

D. Desventajas de las empresas especializadas

Costes asociados

La primera desventaja de almacenar oro con empresas especializadas es el coste. Algunas empresas cobran generalmente tasas de almacenamiento en función del valor del oro que almacene con ellas. Cuanto más oro almacene, más alta será la tarifa. Estas tasas se acumulan, sobre todo si piensas almacenar el oro durante mucho tiempo.

Acceso a su oro

Otra desventaja a tener en cuenta es el acceso a su oro. Si su oro está almacenado en el extranjero, será difícil acceder a él rápidamente si lo necesita.

Si vive en Francia y tiene su oro almacenado en Asia, Hong Kong y Singapur sonlugares muy frecuentados generalmente por las empresas de almacenamiento, por lo que le resultará difícil acceder a su oro rápidamente.

Como norma general, opte por instalaciones de almacenamiento cercanas a su domicilio. Aunque las comisiones sean más elevadas en una plataforma en Suiza que en Hong Kong, seguiría siendo más sensato elegir Suiza si quiere acceder más rápidamente a su oro.

Además, algunas empresas imponen restricciones a la retirada de su oro, lo que supone un problema si necesita vender parte de él rápidamente.

Riesgos geopolíticos

Si su oro está almacenado en el extranjero, está sujeto a las leyes y normativas de ese país. Esto puede suponer un problema si cambia la legislación o la situación política. Por ejemplo, en caso de crisis financiera o política, el acceso a su oro puede estar restringido o también bloqueado.

Sin embargo, las empresas de almacenamiento no son "estúpidas" porque la mayoría de las veces están situadas en jurisdicciones famosas por su fiabilidad. No en vano, la mayoría de ellas se encuentran en Suiza, Hong Kong, Singapur, Canadá o el Reino Unido.

Confianza

Por último, el almacenamiento de oro requiere una gran confianza en la empresa de almacenamiento que haya elegido. Aunque estas empresas están bien reguladas en general y supervisadas, siempre existe el riesgo de fraude o quiebra. Investigue a fondo y elija una empresa con buena reputación y larga experiencia en el almacenamiento de oro.

Lo que debe saber antes de elegir una empresa de almacenamiento

1. Evaluar la reputación de una empresa

En primer lugar, debe comprobar la reputación de la empresa que va almacenar su oro. Infórmese sobre su experiencia en el sector, las opiniones de los clientes y compruebe su situación legal. Sitios como Trustpilot o Google Reviews te darán una visión general de las experiencias de otros clientes con la empresa.

2. Costes relacionados con los servicios de la empresa

Para evitar sorpresas desagradables, debe tener una idea clara de los costes asociados al almacenamiento de su oro. Estos costes incluyen generalmente los costes de almacenamiento (normalmente un porcentaje del valor de su oro), los costes de transacción, los costes de retirada, etc.

Una comparación de costes entre distintas compañías debería ayudarle a tomar una decisión económicamente sensata. Recuerde que almacenar su oro es importante, pero no debe hipotecar su valor.

3. Protocolos de seguridad en vigor

Para estar tranquilo y sereno, debe saber cómo se almacenará y protegerá su oro:

- cajas fuertes seguras,
- sistemas de alarma,
- guardias de seguridad,
- videovigilancia,
- controles electrónicos de acceso,
- etc.

Asegúrese de que la empresa cuenta con sólidos protocolos de seguridad para proteger su inversión.

4. La póliza de seguros de la empresa

Una buena empresa de almacenamiento de oro debe tener un seguro adecuado para cubrir cualquier robo, pérdida o daño del oro que almacena. Compruebe qué tipo de seguro tiene la empresa y, lo que es más importante, qué cubre exactamente. Si la información no está clara a pesar de las explicaciones, siga adelante.

5. Condiciones para recuperar su oro

También es fundamental saber cómo puede recuperar su oro cuando lo necesite. Algunas empresas exigen un preaviso, mientras que otras le dan acceso a su oro las 24 horas del día, los

7 días de la semana. Entender estas condiciones de antemano es esencial para evitar sorpresas desagradables...

6. La accesibilidad de su oro

Por último, asegúrese de saber cómo puede acceder a su oro. Algunas empresas ofrecen acceso en línea a su inventario, lo que resulta cómodo a efectos de seguimiento. Otras pueden darte acceso físico a tu oro en sus instalaciones, siempre que, por supuesto, te encuentres en las ciudades donde están situadas las cámaras acorazadas.

E. Empresas de almacenamiento

Swiss Gold Safe Ltd.

Swiss Gold Safe Ltd es una empresa suiza de almacenamiento privado que ofrece soluciones de almacenamiento seguro para oro y otros metales preciosos, sin requisitos de depósito mínimo. Ofrece servicios de alquiler de cajas de seguridad y cámaras acorazadas en lugares seguros de Suiza y Liechtenstein.

BullionVault

BullionVault es una plataforma online para comprar, vender y almacenar oro y plata físicos de forma segura en cámaras acorazadas en Zúrich, Londres, Nueva York, Toronto y Singapur. No existe un depósito mínimo para empezar a utilizar BullionVault, lo que la hace accesible a un gran variedad de inversores. Además de su servicio de almacenamiento, BullionVault también ofrece una plataforma de negociación en la que los usuarios compran y venden oro y plata a otros usuarios.

Metales preciosos en el mundo

Global Precious Metals es una empresa con sede en Singapur que ofrece soluciones de almacenamiento seguro para oro y otros metales preciosos. Su depósito mínimo es de 10.000 USD. Con almacenes en Singapur, Zúrich y Hong Kong, esta empresa ofrece protección geográfica diversificada para sus inversiones.

También ofrecen servicios de consultoría de inversión para ayudar a los inversores a optimizar sus carteras de metales preciosos.

GoldSilver Central

GoldSilver Central es otra empresa con sede en Singapur que ofrece servicios de almacenamiento de oro. Su depósito mínimo es de 5.000 dólares singapurenses (unos 3.700 dólares estadounidenses). Sus instalaciones de almacenamiento están aseguradas por Lloyd's of London, lo que ofrece mayor tranquilidad a los inversores. GoldSilver Central también ofrece servicios de recompra de oro, que pueden ser convenientes si decide vender parte de su oro en el futuro.

Casa de la Moneda de Perth

Perth Mint es una empresa australiana de renombre mundial que ofrece servicios de almacenamiento de oro. El depósito mínimo es de 1.000 dólares australianos (aproximadamente 750 dólares estadounidenses). Las instalaciones de Perth Mint se encuentran entre las más seguras del mundo y están aseguradas por el Gobierno de Australia Occidental, lo que ofrece tranquilidad. También ofrecen un servicio de recompra de oro, que puede ser útil si decide vender su oro en el futuro.

→ *Elegir la empresa adecuada para almacenar su oro es una decisión importante que no debe tomarse a la ligera. Investigue, haga preguntas y elija la empresa que mejor se adapte a sus necesidades. Mi último consejo es que se tome su tiempo: no se precipite a la primera empresa de almacenamiento que le parezca adecuada. Como con cualquier inversión, conviene comparar las distintas empresas del mercado para elegir la más rentable para usted.*

PARTE 3:
ORO DE PAPEL

"Tenemos que confiar en la estabilidad natural del oro,

o confiar en la estabilidad natural de la honradez y la inteligencia de los

miembros del gobierno cuando eligiendo.

Con el debido respeto a estas dignas personas,

Te aconsejo encarecidamente que votes por el oro...".

George Bernard Shaw

¡Su opinión cuenta de verdad!

Sería un honor ver su honesta reseña.

Está ayudando a mejorar este libro para futuros lectores.

Díganos qué le ha gustado y qué podría mejorarse.

Gracias de antemano por su contribución.

INTRODUCCIÓN AL ORO DE PAPEL

Definición y funcionamiento del oro de papel

El oro de papel se refiere a todos los instrumentos financieros que ofrecen exposición al oro sin necesidad de posesión física. Estos instrumentos adoptan diversas formas: acciones de empresas mineras auríferas, bonos respaldados por oro, futuros sobre oro, opciones sobre oro, certificados de oro y, muy comúnmente, fondos cotizados en bolsa (ETF) respaldados por oro.

El oro de papel funciona sobre la base de un contrato entre 2 partes, el inversor y el gestor del oro de papel. En función del tipo de instrumento elegido, el inversor puede beneficiarse de una subida del precio del oro, de la actividad de una empresa minera aurífera o del rendimiento de una cartera de activos vinculados al oro.

Diferencia entre el oro en papel y el oro físico

El oro físico, como su nombre indica, es el metal precioso en forma tangible que se puede tener en las manos: monedas, lingotes y pequeños lingotes de oro.

El oro en papel representa una inversión en oro sin poseer realmente el metal. Al invertir en oro en papel, usted posee un contrato que representa una determinada cantidad de oro. Ofrece la ventaja de la liquidez y la facilidad de transacción, pero también conlleva riesgos, en particular el de la contraparte, por que usted depende de que el gestor del contrato cumpla su compromiso.

CAPÍTULO 9: CONTRATOS A PLAZO Y CERTIFICADOS DE ORO

A. CONTRATOS A PLAZO

Un acuerdo legal para comprar o vender en una fecha futura

Un contrato a plazo sobre oro, más comúnmente conocido como "futuro", es un acuerdo legal para comprar o vender una determinada cantidad de oro en una fecha futura especificada a un precio fijado de antemano.

Estos contratos se negocian en bolsas de materias primas como la COMEX en Estados Unidos.

Efecto palanca

El principal atractivo de los contratos de futuros reside en el efecto palanca que ofrecen. Un inversor puede controlar una gran cantidad de oro por una pequeña cantidad de dinero depositada por adelantado (el margen). Este apalancamiento puede amplificar las ganancias potenciales, pero también las pérdidas...

Otro aspecto atractivo es la gran liquidez de estos mercados, lo que significa que es fácil comprar y vender contratos de futuros. Sin embargo, hay que tener en cuenta que los futuros sobre oro son un campo de juego complejo que requiere un conocimiento profundo de los mercados financieros.

B. Certificados de oro

Títulos de propiedad

Un certificado de oro es, en esencia, un título de propiedad de una determinada cantidad de oro. Históricamente, los certificados de oro eran emitidos por bancos que almacenaban oro en nombre de sus clientes. Hoy en día, muchos gestores diferentes, incluidos gobiernos y empresas privadas, ofrecen certificados de oro.

Invertir en certificados de oro tiene la ventaja de evitar las molestias y los costes de almacenar y asegurar el oro físico. Es una forma cómoda de invertir en oro, especialmente para quienes no desean gestionar oro físico.

Riesgo de contraparte

Como cualquier inversión, los certificados de oro presentan riesgos. El más notable es el riesgo de contraparte: si el gestor del certificado quiebra o incumple su compromiso, el inversor pierde toda o parte de su inversión.

→ Personalmente, no recomendaría utilizar futuros y certificados de oro si eres principiante, por que es demasiado complejo y arriesgado. En general, pocos inversores se salen con la suya... Las opciones que presento a continuación son mucho más simples y rentables para principiantes e intermedios.

CAPÍTULO 10: ETFS DE ORO

A. INTRODUCCIÓN A LOS ETF SOBRE ORO

¿Qué es un ETF?

Un ETF, o fondo cotizado en bolsa, es una especie de "cesta" que contiene distintos tipos de inversión. Puede contener acciones, bonos, materias primas e también oro.

Imagine una gran caja fuerte que contiene oro. Eso es el ETF.

Ahora, en lugar de comprar un lingote entero de oro (que podría ser muy caro), puedes comprar una pequeña parte de la cámara acorazada.

Cuando sube el precio del oro, también lo hace el valor de su participación en el ETF de oro.

Es una forma más fácil y barata de invertir en oro, porque no tiene que preocuparse del almacenamiento y la seguridad del oro físico. Usted compra y vende sus participaciones del ETF en un mercado de valores, igual que haría con las acciones de una empresa.

¿Cómo funcionan los ETF de oro?

Los ETF de oro están diseñados para reflejar el precio de mercado del oro. Cuando se invierte en un ETF de oro, no se compra oro directamente, sino una "participación" en el oro que posee el fondo.

Cada "unidad" de un ETF de oro representa una determinada cantidad de oro.

Existen dos tipos principales de ETF de oro:

- los que poseen oro físico
- los que utilizan la replicación sintética

Los ETF de oro que poseen oro físico están diseñados para seguir el precio del oro. Estos fondos compran y guardan oro en cámaras acorazadas seguras. En cuanto un inversor compra este tipo de ETF, en realidad está comprando una "acción" de ese oro. Sin embargo, no tiene derecho a retirar oro físico de estos fondos.

Por otra parte, algunos ETF de oro utilizan la réplica sintética para seguir el precio del oro. En lugar de comprar y almacenar oro físico, estos fondos utilizan derivados para imitar el movimiento de los precios del oro. Los derivados incluyen futuros u opciones sobre el oro. En realidad, estos fondos no compran oro, sino que suscriben acuerdos financieros basados en el precio del oro. Se trata de una forma más compleja de exponerse al precio del oro.

B. Las ventajas de los ETF de oro

Alto potencial de rendimiento

Una de las principales ventajas de los ETF de oro es su potencial de alta rentabilidad, gracias sobre todo a la réplica efectiva de los movimientos del precio del oro y la exposición a las empresas mineras auríferas.

→ Un ETF de oro que posee oro físico pretende reflejar con exactitud el precio de mercado del oro. Cuando el precio del oro sube, el valor del ETF aumenta teóricamente de forma proporcional. Los inversores se benefician de la subida del precio del oro sin tener que poseer oro físico.

→ Algunos ETF de oro invierten en acciones de empresas mineras. Estas empresas generan a veces importantes beneficios. Así, un ETF que posea acciones de estas empresas se beneficiará de esta dinámica positiva y ofrecerá una rentabilidad potencialmente elevada a sus inversores.

Dividendos

→ Un dividendo es una suma de dinero que una empresa o ETF paga a sus inversores con cargo a sus beneficios.

Algunos ETF de oro pagan dividendos a los inversores. Esto dependerá de la estructura del ETF. Existen 2 tipos de ETF:

- ETF de distribución
- ETF de capitalización

→ Los ETF de distribución pagan dividendos directamente a los inversores en forma de renta. Este tipo de ETF es atractivo para los inversores que buscan generar ingresos regulares. Por ejemplo, un ETF de oro que posea acciones de empresas mineras de oro distribuirá los dividendos recibidos de estas empresas a los inversores del ETF.

→ Los ETF de acumulación reinvierten automáticamente los dividendos en el fondo, aumentando el valor de las participaciones del ETF. Para un inversor, esto significa que el valor de su inversión en el ETF puede aumentar con el tiempo, pero no recibirá un flujo regular de ingresos en forma de dividendos.

Los ETF que poseen oro físico no pagan generalmente dividendos, por que el oro en sí no genera ingresos. Por lo tanto, es esencial comprender la estructura del ETF antes de invertir, y considerar si un flujo de ingresos regular es importante para usted.

Alta liquidez

La principal ventaja de los ETF de oro es su gran liquidez. La liquidez, en el contexto financiero, se refiere a la facilidad con la que un activo, en este caso las participaciones de un ETF, puede comprarse o venderse en el mercado sin afectar su precio. Se dice que un activo es líquido si se puede vender rápidamente, en cualquier momento y un precio cercano a su valor real de mercado.

En la práctica, la liquidez de un ETF depende de varios factores, como el volumen de transacciones diarias y el tamaño de su capitalización bursátil.

El volumen diario de negociación le da una idea de cuántas unidades del ETF se compran y venden cada día. Un volumen de negociación elevado significa generalmente que podrá vender sus participaciones rápidamente si lo necesita.

El tamaño de la capitalización bursátil del ETF (el valor total de todas las participaciones del ETF) es también un indicador importante de su liquidez. Una capitalización de mercado elevada significa que hay muchos inversores implicados en el ETF, lo que aumenta la probabilidad de encontrar un comprador cuando quiera vender. En general, considero que una capitalización bursátil de 500 millones de dólares es un mínimo para garantizar una buena liquidez.

Acceso fácil a inversión en oro

Invertir en oro a través de ETF le permite beneficiarse de los movimientos del precio del oro sin tener que gestionar las complejidades y costes asociados a la compra, almacenamiento y aseguramiento del oro físico. Los ETF de oro se negocian como acciones ordinarias en las bolsas, lo que significa que puede comprarlos y venderlos en cualquier momento durante las horas de mercado a través de su cuenta de corretaje.

Esta facilidad de acceso hace que la inversión en oro sea accesible a una amplia gama de inversores. Tanto si es usted un inversor ocasional con un presupuesto limitado como si es un inversor institucional con millones para invertir, los ETF de oro le ofrecen la oportunidad de añadir oro a su cartera de inversión de forma simple.

Además, estos ETF facilitan la diversificación de su cartera. Con una sola compra, puede obtener exposición al oro a través de una serie de activos, desde minas de oro hasta refinerías de oro y reservas de lingotes, minimizando los riesgos asociados a la inversión en un único activo.

C. Los riesgos de los ETF sobre oro

Riesgo de contraparte

Uno de los principales inconvenientes de los ETF de oro es el riesgo de contraparte. Este riesgo surge principalmente en el caso de los ETF de réplica sintética. En este caso, el ETF utiliza derivados, como contratos de futuros o swaps, para imitar el rendimiento del oro en lugar de poseer oro físico. El rendimiento del ETF depende en última instancia de la capacidad de la contraparte (normalmente un banco de inversión) para cumplir sus obligaciones contractuales.

Si la contraparte quiebra o no puede cumplir sus obligaciones, corre el riesgo de perder toda o parte de su inversión. Por eso debes asegurarte de que estás cómodo con el nivel de riesgo de contraparte al que te expones.

Existen ETF de oro que poseen oro físico, lo que elimina el riesgo de contraparte. Sin embargo, también en este caso, sigue existiendo el riesgo de que el oro no se almacene de forma segura, o de que la empresa que gestiona el ETF quiebre. Por lo tanto, es esencial comprobar cómo se almacena el oro y conocer la solvencia de la empresa que gestiona el ETF antes de invertir.

Gastos de gestión

Como cualquier fondo de inversión, los ETF sobre oro están sujetos a comisiones de gestión, que se deducen del valor total de su inversión. Estas comisiones cubren los costes de gestión del fondo:

- el coste de comprar y vender oro,
- costes de almacenamiento,
- gastos administrativos,
- los honorarios del gestor del fondo,
- impuestos,
- etc.

Las comisiones de gestión superiores al 0,5% erosionan seriamente sus rendimientos, especialmente si el oro no está rindiendo especialmente bien.

→ ¡Mi regla personal es no invertir en ETF que cobren comisiones superiores al 0,5%!

Para entender por qué, considere que las comisiones de gestión se deducen del valor de su inversión cada año, independientemente del rendimiento del fondo. Por tanto, si el

ETF de oro no genera suficiente rentabilidad para cubrir la comisión de gestión, su inversión pierde valor.

→ Aquí es donde entra en juego el concepto de "interés compuesto inverso".

En términos simples, el interés compuesto es el principio por el cual usted gana intereses sobre sus intereses: su capital crece exponencialmente. Sin embargo, cuando se trata de comisiones, ocurre lo contrario. Cada año, estas comisiones se deducen de toda su inversión, incluidas las ganancias que haya podido obtener. En otras palabras, su capital disminuye exponencialmente si las comisiones son demasiado elevadas y el rendimiento del ETF no es lo bastante bueno para cubrirlas.

Sin posesión física

Una de las principales desventajas de los ETF de oro es que no le dan la oportunidad de poseer oro físicamente. El fondo está gestionado por una entidad financiera, y es esta entidad la que posee físicamente el oro.

Aunque sea inversor en un ETF de oro, no tiene derecho reclamar el oro físico que posee el fondo. Sólo puede vender sus participaciones en el ETF para recuperar el valor monetario correspondiente a su inversión.

Esto supone una desventaja para quienes deseen poseer oro como cobertura frente a riesgos financieros. En caso de crisis financiera grave o de quiebra de la institución que gestiona el fondo, podría ser difícil, si no imposible, recuperar el valor de su inversión.

Además, algunos inversores aprecian el aspecto tangible del oro, el hecho de poder tenerlo en las manos. Con un ETF de oro, ¡no se obtiene esa satisfacción!

D. ¿CÓMO ELEGIR UN ETF DE ORO?

Tamaño del ETF

Expresado en términos de capitalización bursátil, el tamaño del ETF indica cuánto dinero está invertido en el fondo. Cuanto mayor es la capitalización bursátil, más estable se considera el ETF y menos probable es que se vea afectado por los grandes movimientos del mercado.

→ Personalmente, solo recomiendo invertir en ETF con una capitalización mínima de 500 millones de dólares. De hecho, es un buen indicador de la popularidad del ETF y de su capacidad para soportar las fluctuaciones del mercado.

Liquidez de los ETF

La liquidez del ETF es otro factor clave a tener en cuenta. Se refiere a la facilidad con la que se pueden comprar o vender participaciones del ETF. Un ETF se considera líquido si cada día se negocia un gran número de participaciones. Los ETF con gran liquidez le permiten entrar y salir de posiciones con facilidad, sin sufrir ningún impacto significativo en el precio de la acción.

El volumen medio diario de negociación indica cuántas unidades del ETF se compran y venden de media cada día. Esta cifra se encuentra en el sitio web del ETF en general o en sitios como Yahoo Finanzas o Google Finanzas.

→ Un volumen de negociación elevado (por ejemplo, en millones de acciones al día) indica una gran liquidez. Para los inversores más conservadores, se reomenda un volumen medio diario de negociación mínimo de 100.000 acciones en general.

La evolución de su valor en el mercado

Al igual que el valor del oro, el valor de un ETF de oro fluctúa con el tiempo. Por eso es esencial comprobar cómo evoluciona el valor del ETF que piensa comprar antes de tomar una decisión.

Ver historial de los precios

El historial de precios de un ETF ofrece una visión general de cómo ha variado su valor a lo largo del tiempo. Hay muchos sitios, como Yahoo Finanzas o Google Finanzas, donde puedes consultar el historial de precios de un ETF.

Busque el código ISIN del ETF para encontrar fácilmente su historial de precios.

→ El ISIN, o Número Internacional de Identificación de Valores en francés, es un código único utilizado para identificar valores financieros, como acciones, bonos, ETF, etc., en los mercados internacionales.

En otras palabras, el ISIN es como un "carné de identidad" para los valores financieros. Se compone de 12 caracteres alfanuméricos: los dos primeros caracteres representan el país de emisión del valor, los nueve siguientes son un código único para el propio valor y el último carácter es una clave de control.

Comparar con el precio del oro

Para evaluar el rendimiento de un ETF de oro, es útil compararlo con el precio del oro propio. Lo ideal sería que el ETF siguiera de cerca el precio del oro. Si el ETF no sigue satisfactoriamente el precio del oro, no es una buena señal.

Examinar los resultados durante las crisis financieras

Como el oro se considera un refugio seguro durante las crisis financieras, es interesante ver cómo el ETF se comportó durante los periodos de turbulencias.

Durante la crisis financiera de 2008, el precio del oro subió casi un 24%, mientras que el S&P 500, un índice bursátil muy seguido, cayó un 38%. Los ETF de oro que consiguieron mantener o aumentar su valor durante este periodo demostraron su potencial como cobertura frente a la inestabilidad del mercado. Si el ETF que quiere comprar no es "a prueba de crisis", no lo compre, ¡porque eso significa que no está "haciendo su trabajo"!

La importancia de elegir el transmisor adecuado

Compruebe la reputación del gestor

Puede consultar sitios de información financiera acreditados para leer opiniones sobre el gestor. Bloomberg, Morningstar y Yahoo Finanzas son fuentes creíbles que ofrecen análisis en profundidad de los gestores de ETF.

Analizar el tamaño del gestor

El tamaño de un gestor de ETF es un buen indicador de su estabilidad y capacidad para gestionar el ETF con eficacia. Puede comprobar el tamaño del gestor en términos de activos bajo gestión (AUM). En general, un gestor con un gran volumen de activos gestionados se considera más estable.

Examinar la transparencia del gestor

Puede comprobar la frecuencia de los informes publicados por el gestor y si ofrecen información detallada sobre el ETF, como la composición de la cartera, el rendimiento y las comisiones.

Los principales gestores de ETF

- BlackRock (iShares): BlackRock es el mayor gestor de activos del mundo, con más de 9,4 billones de dólares en activos bajo gestión en 2023. Sus ETF iShares se encuentran entre los más populares y negociados del mundo.

- Vanguard: Vanguard es uno de los mayores proveedores de ETF del mundo, famoso por sus fondos de bajo coste. A 30 de abril de 2023, Vanguard gestionaba aproximadamente 8,1 billones de dólares en activos en todo el mundo. Aunque es más conocido por sus ETF de acciones y bonos, Vanguard también ofrece ETF de oro.

- Amundi: Amundi es el mayor gestor de activos de Europa y uno de los diez mayores del mundo, con más de 1,7 billones de euros en activos gestionados en 2021. Con sede en Francia, Amundi es conocida por sus ETF, que cubren una amplia gama de clases de activos, incluidas materias primas como el oro.

- VanEck: VanEck es un conocido gestor de ETF de materias primas. Su ETF de oro, VanEck Vectors Gold Miners ETF (GDX), es uno de los mayores del sector.

- Invesco: Invesco es uno de los principales gestores de ETF con una gama de ETF de oro.

Gastos de gestión

Como hemos visto antes, estas comisiones son los costes anuales que el gestor del ETF cobra por gestionar el fondo. Se expresan en porcentaje del patrimonio neto del fondo y se deducen directamente del valor del ETF.

Por ejemplo, para un ETF con una comisión de gestión del 0,40%, se deducirán 4 $ cada año para cubrir la comisión de gestión por cada 1.000 $ invertidos.

Recuerde que estas comisiones se deducen independientemente de la rentabilidad del ETF. Independientemente de que baje el precio del oro o disminuya el valor de su inversión, tendrá que seguir pagando la comisión de gestión.

El impacto de las comisiones de gestión puede parecer mínimo a corto plazo, pero a medio y largo plazo tienen un efecto significativo en el rendimiento de su inversión.

Por ejemplo, en un periodo de 10 años, un ETF con una comisión de gestión del 0,40% le costará el 4% de su inversión inicial, sin tener en cuenta el efecto de la capitalización inversa...

→ Por eso recomendé ETF con comisiones de gestión del 0,5% o menos. Por encima de eso, el único que se hará realmente rico será el gestor....

Ejemplos de ETF populares

Tenga en cuenta que esta lista no es una recomendación. Invertir siempre requiere una investigación exhaustiva y conocer sus propias necesidades y tolerancia al riesgo.

La rentabilidad pasada de un ETF no garantiza su rentabilidad futura. Por lo tanto, es esencial conocer a fondo el ETF antes de invertir. La información clave sobre cada ETF puede encontrarse en su Documento de Datos Fundamentales para el Inversor (DDFI) y en su folleto, que están disponibles en el sitio web del gestor del ETF.

- SPDR Gold Shares (GLD): es uno de los ETF de oro más grandes y populares. Su objetivo es reflejar el precio al contado del oro y fue el primer ETF que permitió a los inversores acceder al mercado del oro. El código ISIN de GLD es US78463V1070.

- iShares Gold Trust (IAU): es otro importante ETF que ofrece a los inversores exposición al precio del oro. Está gestionado por BlackRock, la mayor empresa de gestión de activos del mundo. Su código ISIN es US4642851053.

CAPÍTULO 11:

ACCIONES DE EMPRESAS MINERAS

A. INTRODUCCIÓN A LAS ACCIONES DE EMPRESAS MINERAS

¿Qué es una acción?

Una acción es una participación en la propiedad de una empresa. Cuando compras una acción, te conviertes en accionista, es decir, en propietario de una pequeña parte de esa empresa.

Piensa en una empresa como en una tarta.

- Cada acción sería una pequeña porción de este pastel.
- Si compras una acción, posees una pequeña porción de este pastel.
- Cuantas más acciones compres, mayor será tu parte del pastel.

Las acciones se compran y venden en un mercado bursátil, como el CAC 40 en Francia o la Bolsa de Nueva York en Estados Unidos. El precio de una acción varía en función de la oferta y la demanda en el mercado, así como de los resultados financieros de la empresa y las expectativas de los inversores.

Si posee acciones, tiene derecho a recibir una parte de los beneficios de la empresa en forma de dividendos. Sin embargo, no todas las empresas reparten dividendos.

También tienes derecho a votar en las juntas generales de la empresa, por lo que puedes influir en sus decisiones estratégicas.

¿Cómo funcionan las empresas mineras?

Las acciones de empresas mineras de oro representan una participación en la propiedad de una empresa dedicada a la exploración, extracción, tratamiento y venta de oro.

Invertir en estas acciones es como participar en la industria del oro. Con el oro físico, usted posee un activo tangible; invirtiendo en acciones de empresas mineras de oro, está invirtiendo en las operaciones comerciales que conducen a la extracción de este metal precioso.

¿Invertir en oro físico o en acciones de empresas mineras?

Cuando invierte en oro físico, posee oro tangible, inmutable y con valor intrínseco.Además , este oro no está sujeto al riesgo de quiebra ni a otros riesgos asociados a las empresas.

Invertir en acciones de empresas mineras de oro es una forma de inversión indirecta en oro.

La principal ventaja de invertir en acciones de empresas mineras es la posibilidad de obtener mayores rendimientos. Las empresas mineras pueden :

- aumentar su producción de oro
- descubrir nuevas reservas de oro
- reducir sus costes de producción

Por último, el rendimiento de las acciones de las empresas mineras no siempre está directamente relacionado con el precio del oro. Por ejemplo, una empresa minera puede obtener malos resultados aunque suba el precio del oro, debido a problemas internos de la empresa.

B. LOS DIFERENTES TIPOS DE EMPRESAS MINERAS

Mayores, intermedios y juniors

Las principales

Estas empresas son los gigantes de la industria minera, con operaciones de producción de oro a gran escala repartidas por varios países. Tienen generalmente décadas de experiencia minera y una reputación de estabilidad. Ejemplos de estas empresas son Barrick Gold, Newmont Corporation y AngloGold Ashanti. Sin embargo, su gran tamaño limita su potencial de crecimiento.

Empresas mineras intermediarias

Estas empresas se sitúan entre las majors y las juniors en cuanto a tamaño y producción. Tienen generalmente algunas minas en explotación y otros proyectos en desarrollo. Las empresas mineras intermedias ofrecen un buen equilibrio entre potencial de crecimiento y riesgo. Agnico Eagle Mines y Yamana Gold son ejemplos de este tipo de empresas.

Los juniors

Estas empresas son las más pequeñas de la industria del oro. Se centran generalmente en la exploración y el desarrollo de nuevas minas. Las juniors ofrecen un mayor potencial de crecimiento generalmente si sus proyectos de exploración tienen éxito, pero también conllevan mayores riesgos. Muchas juniors todavía no obtienen beneficios y dependen de la financiación para sus operaciones. Ejemplos de estas empresas son Kinross Gold y Eldorado Gold.

Empresas de exploración, de explotación, de fundición/refino y mineras diversificadas.

Además de las distinciones por tamaño y nivel de producción, las empresas mineras también se clasifican según las fases de la industria minera en las que participan.

Empresas de exploración

Estas empresas se encuentran en las primeras fases de la industria minera. Se centran en la búsqueda de nuevos yacimientos de oro, por lo general en zonas sin explotar o poco exploradas.

Las empresas de exploración realizan estudios geológicos y perforaciones para identificar yacimientos de oro. Sin embargo, el proceso de exploración es arriesgado y caro, y no hay garantías de que la empresa encuentre oro en cantidades comercialmente viables....

Empresas operativas

Estas empresas poseen y explotan minas de oro. Una vez que las empresas de exploración han identificado un yacimiento de oro y se han obtenido las autorizaciones necesarias, entra en juego la empresa de explotación.

Se encarga de extraer oro del subsuelo, gestionar las operaciones mineras y vender el oro extraído. Las empresas de explotación tienen unos costes de explotación importantes, pero también unos ingresos más estables que las empresas de exploración, porque venden oro de forma regular.

Fundiciones y refinerías

Estas empresas compran oro en bruto extraído por otras empresas y lo transforman en productos acabados, como lingotes de oro, monedas, productos industriales o joyas. Se benefician de la diferencia entre el precio de compra del oro en bruto y el precio de venta de los productos acabados.

Estas empresas tienen costes de explotación relativamente estables y están menos expuestas a las fluctuaciones del precio del oro que las empresas mineras y de exploración.

Empresas mineras diversificadas

Estas empresas participan en todas las fases de la industria minera, desde la exploración y explotación hasta la fundición y el refinado. Se benefician de la eficiencia operativa y la diversificación de riesgos, pero también tienen una gestión compleja y altos niveles de inversión.

→ Personalmente, estas empresas son generalmente mi opción de inversión preferida. Al posicionarse en cada fase de la cadena de la industria minera, ofrecen una diversificación intrínseca que ayuda a mitigar el riesgo. Si una fase de la operación encuentra dificultades, los otros segmentos pueden compensarlas, lo que ofrece una mayor estabilidad financiera.

Además, la gestión de todas las fases de la industria minera ofrece a estas empresas economías de escala. Pueden reducir sus costes internalizando procesos que, de otro modo, requerirían proveedores de servicios externos. En mi opinión, esta ventaja se traduce en una mayor rentabilidad.

C. Ventajas de las acciones mineras

Dividendos

A diferencia del oro físico, las acciones de las empresas mineras de oro generan ingresos en forma de dividendos.

Las empresas mineras de oro bien establecidas y rentables tienen generalmente una política de dividendos habitual. Por ejemplo, Newmont Mining, una de las mayores empresas mineras de oro del mundo, tiene un largo historial de pago de dividendos a sus accionistas.

Así, además de la posibilidad de revalorización de las acciones, también puede recibir ingresos regulares en forma de dividendos. Esta es una de las principales ventajas de las acciones mineras sobre el oro físico, que no produce ningún rendimiento hasta que se vende.

Alto potencial de rendimiento

Si la empresa consigue aumentar su producción de oro o reducir sus costes, usted se beneficia de estas mejoras en forma de mayores rendimientos.

Ejemplo: una empresa minera descubre una nueva mina de oro. Aumenta su producción y, por tanto, sus beneficios. Este aumento de beneficios se reflejaen general en el precio de las acciones, generando un mayor rendimiento para los inversores.

Efecto palanca

El efecto palanca es un concepto financiero que se refiere al uso de deuda para aumentar el rendimiento potencial de una inversión.

Las empresas mineras de oro piden dinero prestado para financiar sus operaciones (por ejemplo, para construir una nueva mina o comprar equipos). Si el precio del oro sube, estas empresas pueden generar beneficios muy superiores a su deuda, lo que provoca una subida significativa del precio de sus acciones.

Diversificación

Supongamos que ya tiene inversiones en sectores como la tecnología o las finanzas. Si añade acciones de minas de oro a su cartera, podrá reducir su dependencia de estos sectores y, por tanto, el riesgo global de su cartera. Los valores de la minería del oro tienden a comportarse de forma diferente a otros sectores de la economía.

Liquidez

Las acciones de las empresas mineras de oro son generalmente muy líquidas, lo que significa que puede comprar o vender acciones fácilmente sin tener que preocuparse.

Transparencia

Las empresas mineras, como todas las que cotizan en bolsa, están obligadas a publicar periódicamente información sobre sus operaciones. Por ejemplo, tienen que divulgar información sobre sus reservas de oro, costes de producción, planes de expansión, volumen de negocio, beneficios, deudas, etc. Esta transparencia permite a los inversores tomar decisiones de inversión con conocimiento de causa. Esta transparencia permite a los inversores tomar decisiones de inversión con conocimiento de causa.

D. Riesgos con las operaciones mineras

Riesgo con explotación

La minería es una actividad compleja que depende de muchos factores impredecibles. Por ejemplo, un accidente en una mina puede provocar la interrupción de las operaciones, como ocurrió cuando se derrumbó la mina San José en Chile en 2010, lo que provocó considerables pérdidas económicas. Del mismo modo, problemas medioambientales como inundaciones o corrimientos de tierra pueden interrumpir las operaciones mineras.

Riesgo con la fluctuación de los precios

El precio del oro en los mercados internacionales fluctúa en función de diversos factores:

- oferta y demanda
- condiciones económicas mundiales,
- política monetaria,
- tensiones geopolíticas,
- etc.

Riesgo de agotamiento de los recursos

Una mina de oro no es un recurso inagotable. Una vez que se ha extraído el oro de una mina, se dice que la mina está "agotada" y ya no puede producir oro. Por ejemplo, la mina de oro de Witwatersrand, en Sudáfrica, que fue una de las más productivas del mundo, está ahora prácticamente agotada.

Por ello, las empresas mineras deben explorar continuamente nuevas zonas para encontrar nuevas minas, lo que supone costes e incertidumbres adicionales.

Esto explica por qué he dicho antes que prefiero invertir en empresas mineras diversificadas, ¡porque no dependen únicamente de la exploración y la explotación!

Riesgo político

Las empresas mineras operan por lo general en países donde las condiciones políticas son inestables.

Por ejemplo, en 2017, Tanzania impuso un embargo a la exportación de concentrados minerales sin procesar, lo que afectó a varias empresas mineras que operan en el país. Este riesgo político puede afectar a la capacidad de una empresa para operar con eficiencia y generar beneficios.

Riesgo con la gestión

El rendimiento de una empresa minera depende en gran medida de la competencia de su dirección. Una mala decisión de gestión, como una inversión desacertada o una mala gestión de los costes, se traduce en pérdidas para la empresa y, por tanto, para los accionistas.

En 2013, la empresa minera Barrick Gold tuvo que suspender su proyecto de mina de oro Pascua-Lama debido a sobrecostes y problemas medioambientales.

E. ¿CÓMO EVALUAR ACCIÓN DE UNA EMPRESA MINERA?

Comprender la empresa

Gestión

El éxito de una empresa depende en gran medida de los conocimientos y la experiencia de sus directivos. Conviene invertir en una empresa cuya dirección tenga una sólida experiencia en la industria minera, incluido el descubrimiento de nuevas minas, la gestión de las operaciones mineras y la navegación por el panorama normativo y medioambiental.

Esta información puede encontrarse en la sección "Nuestro equipo" o "Gobierno corporativo" del sitio web de la empresa. También puede utilizar esta información para buscar los antecedentes de los miembros de la dirección en sitios como Linkedin, para conocer su trayectoria profesional.

Operaciones de la empresa

Me refiero a entender el modelo de negocio de la empresa:

- ¿Es una empresa de exploración que busca nuevas minas de oro?
- ¿Es una empresa minera que extrae oro de minas existentes?
- ¿Es una empresa de servicios mineros que ayuda a otras empresas a extraer oro?

Historia de la producción

Hay que fijarse en el historial de producción de la empresa.

¿Ha conseguido aumentar su producción de oro año tras año? Una tendencia al alza constante indica una gestión competente y unas operaciones eficientes. Estos datos estan generalmente disponibles en los comunicados de prensa y los informes trimestrales y anuales de la empresa.

El plan de crecimiento

Por último, compruebe el plan de crecimiento de la empresa. ¿Cuáles son sus planes futuros para aumentar la producción de oro? Esto podría incluir la exploración de nuevas zonas, la ampliación de las explotaciones mineras existentes o la adquisición de otras empresas mineras.

Un plan de crecimiento bien definido demuestra que la empresa está bien posicionada para aumentar su valor en el futuro. Puede encontrar esta información en la sección "Estrategia" o "Perspectivas" del informe anual de la empresa.

Análisis financiero de la empresa

El análisis financiero de una empresa es un aspecto esencial de la valoración de acciones. Los estados financieros de una empresa le ofrecen una imagen precisa de su salud financiera y sus resultados económicos. Aquí estan algunos elementos clave que debe examinar.

El balance

El balance de una empresa muestra sus activos, pasivos y fondos propios en un momento dado. En el caso de una empresa minera, se puede examinar el valor de sus activos mineros (minas, equipos, terrenos, etc.), su pasivo (préstamos, bonos, etc.) y el capital invertido por los accionistas.

Definiciones

→ Activos: todo lo que posee una empresa y que tiene valor. Pueden ser tangibles, como edificios, equipos y terrenos, o intangibles, como patentes y marcas. Para una empresa minera, los activos incluyen generalmente las minas y reservas de oro que posee.

→ Pasivo: todo lo que la empresa debe a terceros. Puede tratarse de deudas a corto plazo, como facturas de proveedores por pagar, o a largo plazo, como préstamos bancarios u obligaciones. En el caso de una empresa minera, el pasivo puede incluir, por ejemplo, el coste de restaurar el medio ambiente tras la explotación de una mina.

→ Fondos propios: valor de la empresa que pertenece a los accionistas una vez pagadas todas las deudas. Es esencialmente la diferencia entre el activo y el pasivo.

Cuenta de resultados

La cuenta de resultados de una empresa muestra sus ingresos, gastos y beneficios durante un periodo determinado. Examinando la cuenta de pérdidas y ganancias se puede evaluar cuánto ingresa la empresa por su actividad minera, cuánto gasta en extraer oro y cuánto obtiene de beneficios.

Flujos de tesorería

Los flujos de caja de una empresa muestran cómo entra y sale el dinero del negocio. En el caso de una empresa minera, es posible que desee examinar el flujo de caja de explotación (dinero ganado o gastado por la actividad minera), el flujo de caja de inversión (dinero gastado para comprar nuevos activos o vender los existentes) y el flujo de caja de financiación (dinero recibido de los accionistas o gastado para pagarles).

Ratios financieros

Los ratios financieros ayudan a comparar los resultados financieros de distintas empresas. Por ejemplo, el ratio deuda/capital muestra cuánta deuda tiene una empresa en relación con el dinero invertido por los accionistas. Un ratio elevado indica, naturalmente, un mayor riesgo financiero.

El ratio precio/beneficios compara el precio de la acción con los resultados financieros de la empresa. Un ratio elevado indica que la acción está sobrevalorada y, por tanto, demasiado cara en relación con su valor intrínseco.

Análisis comparativo

¿Qué es el análisis comparativo?

El análisis comparativo, también conocido como benchmarking, es un método de valoración que consiste en comparar una empresa con sus competidores directos o con empresas similares del mismo sector. Se utiliza para evaluar los resultados de una empresa y determinar si su precio está sobrevalorado o infravalorado.

Elegir las empresas adecuadas para comparar

No hay dos competidores iguales a la empresa que está evaluando. Cada empresa tiene su propia estrategia y sus propios puntos fuertes y débiles. El objetivo de la evaluación comparativa no es encontrar una empresa "idéntica", sino comprender cómo está posicionada la empresa en relación con otras del mismo sector.

Tamaño de la empresa

Las empresas de un tamaño similar se enfrentan generalmente a problemas similares. Por eso es importante comparar una empresa con competidores del mismo tamaño. Para medir el tamaño de una empresa, podemos recurrir a indicadores como el volumen de negocio, el número de empleados o la capitalización bursátil.

Sitios de las operaciones

Las empresas que operan en la misma región geográfica se enfrentan a retos y oportunidades similares, sobre todo en términos de normativa, condiciones climáticas, costes laborales, etc. Por ejemplo, una empresa minera que opere en África puede enfrentarse a retos muy diferentes a los de una empresa que opere en Australia.

Métodos operativos

También es interesante comparar empresas que utilizan métodos mineros similares. Por ejemplo, algunas empresas mineras se centran en la minería a cielo abierto, mientras que otras favorecen la minería subterránea. Estas diferencias tienen un impacto significativo en los costes de producción y la rentabilidad de una empresa.

Comparación de los fundamentales de la empresa

Comparar ingresos

Los ingresos son un indicador importante del tamaño y el crecimiento de una empresa. Puede comparar los ingresos totales de la empresa con los de sus competidores. Además, compruebe la tasa de crecimiento de los ingresos: una empresa cuyos ingresos crecen más rápido que los de sus competidores podría ser una inversión prometedora.

Comparar beneficios

Los beneficios son lo que queda después de restar todos los costes y gastos de los ingresos. Una empresa rentable tiene beneficios positivos, mientras que una empresa no rentable tiene beneficios negativos. Compara el beneficio neto de la empresa con el de sus competidores.

Fíjese también en el margen de beneficios, que es la relación entre el beneficio neto y los ingresos. Un margen de beneficios alto indica una empresa eficiente con un buen control de costes.

Comparar costes de producción

El coste de producción del oro es un factor clave. Un coste de producción más bajo significa que la empresa puede producir oro a un coste inferior al de sus competidores, lo que puede mejorar su rentabilidad. Compare el coste de producción de la empresa con el de sus competidores para evaluar su eficiencia operativa.

Comparar las reservas de oro

Las reservas de oro de una empresa son la cantidad de oro que tiene derecho a extraer de sus minas. Una empresa con grandes reservas de oro tiene un mayor potencial de crecimiento. Sin embargo, también es importante tener en cuenta la calidad de estas reservas (contenido en oro). Compare las reservas de oro de la empresa con las de sus competidores para evaluar su potencial de crecimiento a largo plazo.

Interpretación de los resultados del análisis comparativo

Sobrevaloración e infravaloración

Si una empresa obtiene mejores resultados que sus homólogas en la mayoría o la totalidad de los indicadores clave (ingresos, beneficios, coste de producción, reservas de oro), pero sus acciones cotizan a un precio similar o inferior al de sus competidoras, la empresa puede considerarse "infravalorada". Es posible que el mercado no haya reconocido plenamente el valor de la empresa, y sus acciones podrían ser una buena oferta.

Por el contrario, si una empresa obtiene peores resultados que sus homólogas, pero sus acciones cotizan con prima, puede considerarse que está "sobrevalorada". En este caso, la acción puede estar demasiado cara en relación con su valor real.

Equilibrio entre crecimiento y valor

Si una empresa tiene ingresos y beneficios que crecen rápidamente, pero costes de producción más elevados y menos reservas de oro, podría estar más orientada al crecimiento.

Por otro lado, una empresa con ingresos y beneficios más estables, costes de producción más bajos y reservas de oro significativas podría ser un negocio valioso. En función de su tolerancia al riesgo y sus objetivos de inversión, puede preferir un tipo de empresa u otro.

Limitaciones del análisis comparativo

Aunque la evaluación comparativa es una herramienta valiosa para evaluar una empresa, tiene ciertas limitaciones que los inversores deben tener en cuenta.

Recuerde que los resultados pasados no siempre son un indicador de los resultados futuros. Las condiciones del mercado, las tendencias del sector y los acontecimientos específicos de una empresa (como el descubrimiento de una nueva mina de oro) afectan a sus resultados futuros.

Evaluación de las reservas de oro de la empresa

Recordatorio: esta parte se refiere principalmente a las empresas de explotación y mineras diversificadas.

¿Qué son las reservas de oro?

Las reservas de oro de una empresa minera representan la cantidad de oro que confirmó que puede extraerse de forma rentable en las condiciones económicas y operativas actuales. Las reservas de oro se estiman mediante técnicas de evaluación geológica y pruebas de viabilidad, y se reevalúan periódicamente a medida que cambian las condiciones.

Las reservas de oro son vitales para una empresa minera. Indican cuánto oro puede vender la empresa en el futuro, por lo que son un factor clave en tiempo de evaluar su valor.

Las reservas de oro son distintas de los recursos de oro. Los recursos de oro de una empresa comprenden el oro que cree que puede extraer de forma rentable, pero que todavía no se ha confirmado plenamente mediante pruebas de viabilidad. En otras palabras, ¡los recursos de oro son más inciertos que las reservas de oro!

La importancia de la calidad de las reservas de oro

Cantidad en oro

El tenor de oro se refiere a la cantidad de oro presente por unidad de mineral (generalmente expresado en gramos por tonelada). Cuanto mayor es la cantidad, más valioso es el mineral, por que contiene más oro por unidad de peso. Una alta cantidad de oro puede compensar otros factores costosos, como la dificultad de extracción o la distancia al mercado.

Por ejemplo, si una empresa tiene reservas con una cantidad media de oro de 3 gramos por tonelada, esto significa que necesita procesar unas 333 toneladas de mineral para extraer un kilogramo de oro. Por otro lado, una empresa con una cantidad media de oro de 6 gramos por tonelada sólo necesita procesar 167 toneladas de mineral para extraer la misma cantidad de oro. Esta diferencia tiene un impacto significativo en los costes y la rentabilidad de la empresa.

Calidad del oro

La calidad del oro extraído también es un factor importante. El oro puro en general está mezclado con otros metales en el mineral, y estas impurezas son caras de eliminar.

Además, algunos tipos de oro, como el oro de aluvión (que se encuentra en depósitos de arena y grava), son más fáciles y baratos de extraer que el oro contenido en rocas duras.

Accesibilidad de la reserva

Por último, la calidad de una reserva de oro no sólo depende de la cantidad y la calidad del oro, sino también de la accesibilidad de la reserva. Las reservas de oro que se encuentran cerca de la superficie terrestre son más baratas de extraer que las que están a gran profundidad.

Del mismo modo, las reservas cercanas a infraestructuras existentes (como carreteras y electricidad) son menos costosas de explotar que las situadas en zonas remotas de difícil acceso.

¿Cómo puedo comprobar mis reservas de oro?

Informes anuales y trimestrales

Las empresas están obligadas por ley a publicar sus informes anuales y trimestrales. Estos informes contienen generalmente información detallada sobre las reservas de oro de la empresa, incluida la cantidad de oro que estiman que contienen sus minas, el tenor del oro y el coste estimado de extracción del oro. Estos informes están generalmente disponibles en el sitio web de la empresa, en la sección reservada a los inversores.

Declaraciones de reservas y recursos

Muchas empresas también publican declaraciones específicas de reservas y recursos, que ofrecen información más detallada sobre sus reservas de oro. Estas declaraciones incluyen información sobre el método utilizado para estimar las reservas, las hipótesis económicas empleadas para determinar si el oro puede extraerse de forma rentable y los planes de la empresa para la futura explotación de estas reservas, etc.

Informes de geólogos

Los informes de los geólogos son otra fuente importante de información. Estos profesionales de la geología visitan las minas y evalúan las reservas de oro in situ. Sus informes ofrecen generalmente una evaluación independiente de las reservas de oro de la empresa.

Comprobación de las normas de estimación de reservas

Las empresas deben utilizar determinadas normas para estimar sus reservas de oro. Las dos normas más utilizadas son las canadienses (NI 43-101) y las internacionales (JORC).

Estas normas definen cómo deben estimarse las reservas y qué información debe incluirse en los informes de la empresa. Es útil comprobar que la empresa utiliza estas normas y sigue sus directrices.

Ser escéptico

Por último, siempre es importante ser escéptico cuando evalua la información sobre las reservas de oro. A las empresas les interesa presentar sus reservas de oro de la mejor manera posible. Por lo tanto, es prudente comparar la información facilitada por la empresa con informes de geólogos independientes y estimaciones de otras empresas similares.

Examinar el coste de producción del oro

Coste en efectivo

El cash cost incluye los costes directos de extracción del oro de la mina. Incluye los costes de explotación, como la mano de obra (salarios y prestaciones de los mineros), los materiales y suministros necesarios para extraer el mineral, y los costes de procesamiento del mineral para extraer el oro. Esta cifra se usan generalmente para evaluar la eficiencia operativa de una mina concreta.

Coste total de mantenimiento

El coste "global" va más allá del coste en efectivo al incluir todos los costes necesarios para mantener la producción de oro en su nivel actual. Además de los costes de explotación, también incluye :

- gastos de capital relacionados con el mantenimiento de la mina y los equipos en condiciones de funcionamiento,
- el coste de rehabilitación de los yacimientos tras la explotación minera,
- gastos administrativos generales,
- determinados costes de exploración y desarrollo de nuevas minas

El coste total da una idea más completa de lo que gasta una empresa en producir cada onza de oro.

¿Cómo puedo encontrar e interpretar información sobre costes de producción?

Dónde encontrar información

La sección de resultados de explotación de estos informes incluye en general detalles sobre el coste de producción de la empresa. Las empresas revelan generalmente su coste en efectivo y su coste de mantenimiento global por cada onza de oro producida.

Estas cifras encontranse generalmente en las notas de la sección de resultados de explotación o, a veces, en una sección aparte dedicada a la discusión y el análisis de la gestión.

Cómo interpretar la información

Cuando se analizan estas cifras, es importante ponerlas en contexto. Por ejemplo, un coste al contado bajo indica una extracción eficaz, pero si el coste global es alto, significa que la empresa gasta mucho en administración, mantenimiento de la mina, equipos, etc.

Compare también estas cifras con el precio actual del oro en el mercado. Si los costes de producción de una empresa se acercan o superan el precio actual del oro, esto podría indicar problemas de rentabilidad....

Por último, compare los costes de producción de la empresa con los de otras empresas del sector. Sólo así podrás hacerte una idea de lo competitiva que es la empresa.

Recuerde

La inversión siempre requiere la debida diligencia. Las cifras de los costes de producción son sólo una parte del panorama general. También es importante examinar otros factores, como el tamaño y la calidad de las reservas de oro de la empresa, su situación financiera, su gestión y las tendencias del mercado del oro.

F. Ejemplos de empresas

Corporación Newmont

Newmont Corporation, con sede en Denver (Colorado), es la mayor empresa minera de oro del mundo en términos de producción.

Por qué Newmont : Newmont tiene una importante presencia internacional y un sólido balance financero. También es reconocida por su compromiso con la responsabilidad medioambiental y social.

Categoría de empresa: Newmont es una empresa minera de oro, lo que significa que se dedica activamente a extraer oro de sus minas.

Región de actividad: Newmont opera en varios países, entre ellos Estados Unidos, Australia, Ghana, Perú y Surinam.

Datos financieros y de mercado: En 2020, Newmont registró unos ingresos de 11.500 millones de dólares y un beneficio neto de 2.800 millones de dólares. Su coste de producción global (AISC) fue de 1.045 dólares por onza, competitivo con otras grandes empresas.

Reservas de oro: En 2020, Newmont comunicó unas reservas de oro probadas y probables de 94,2 millones de onzas.

Barrick Gold Corporation

Por qué Barrick Gold Corporation: Barrick es conocida por su gran capacidad de producción de oro, su sólida cartera de activos mineros y su sólido balance. Además, Barrick cuenta con una atractiva política de dividendos que puede resultar atractiva para los inversores que busquen rendimientos constantes.

Categoría de empresa: Barrick Gold Corporation es una empresa de explotación.

Región de actividad: Barrick opera en numerosos países, como Canadá, Estados Unidos, República Dominicana, Australia, Perú, Chile, Argentina, Zambia, Arabia Saudí y Papúa Nueva Guinea.

Detalles financieros y de mercado: Barrick es conocida por su eficiencia operativa y su capacidad para mantener los costes de producción relativamente bajos, lo que puede ayudar a sostener su rentabilidad. En 2020, Barrick registró unos ingresos de más de 12.000 millones de dólares y un beneficio neto de más de 2.000 millones.

Reservas de oro: En 2020, Barrick declaró unas reservas de oro probadas y probables de 68 millones de onzas.

AngloGold Ashanti

AngloGold Ashanti es una de las mayores empresas mineras de oro del mundo. Tiene su sede en Johannesburgo (Sudáfrica).

Por qué AngloGold Ashanti: AngloGold Ashanti tiene una fuerte presencia global, con operaciones en África, Australia y Sudamérica. Esta diversificación geográfica mitiga algunos de los riesgos asociados a la minería en determinadas regiones. Además, la empresa cuenta con una sólida cartera de activos mineros, lo que la convierte en un actor importante en el sector de la minería del oro.

Categoría de empresa: AngloGold Ashanti es una empresa en funcionamiento.

Región de actividad: La empresa opera en Sudáfrica, Ghana, Guinea, Malí, Tanzania, Australia, Brasil, Argentina y Colombia. Sus operaciones africanas representan una proporción significativa de su producción total de oro.

Datos financieros y de mercado: La empresa tiene una gran capacidad para producir oro a costes competitivos, lo que apuntala su rentabilidad también cuando fluctúan los precios del oro. Sin embargo, como cualquier empresa minera, AngloGold Ashanti está expuesta a una serie de riesgos.

Reservas de oro: AngloGold Ashanti cuenta con importantes reservas de oro. En 2020, la empresa declaró unas reservas de oro de 27,3 millones de onzas.

Gold Fields Limited

Gold Fields Limited es una empresa minera de oro con sede en Johannesburgo (Sudáfrica) y operaciones en varios países.

Por qué Gold Fields: Gold Fields es conocida por su importante producción de oro y su sólida cartera de activos mineros. Está diversificada geográficamente y tiene un sólido rendimiento operativo.

Categoría de empresa: Gold Fields es una empresa de explotación.

Región de actividad: Gold Fields opera en Sudáfrica, Ghana, Australia y Perú.

Datos financieros y de mercado: En 2020, Gold Fields registró unos ingresos de más de 3.600 millones de dólares. Su coste global (AISC) fue de 1.079 dólares por onza, competitivo con otras grandes empresas mineras auríferas.

Reservas de oro: Gold Fields ha comunicado unas reservas de oro probadas y probables de 52,3 millones de onzas en 2020.

Agnico Eagle Mines Limited

Agnico Eagle Mines Limited es una empresa minera de oro con sede en Toronto (Canadá). Es conocida por sus operaciones estables y rentables.

Por qué Agnico Eagle Mines: Agnico Eagle tiene reputación de gestión eficaz y prudente de sus minas, así como un sólido balance financiero. También es reconocida por su capacidad para aumentar de forma constante la producción de oro.

Categoría de empresa: Agnico Eagle Mines es una empresa minera de oro, lo que significa que se dedica activamente a la extracción de oro de sus minas.

Región de actividad: Agnico Eagle opera en varios países, pero sus actividades se concentran principalmente en Canadá, Finlandia y México.

Datos financieros y de mercado: En 2020, Agnico Eagle registró unas ventas de casi 3.200 millones de dólares. Su coste de producción global(AISC) fue de 1.038 dólares por onza, competitivo con otras empresas mineras auríferas.

Reservas de oro: Agnico Eagle comunicó unas reservas de oro probadas y probables de 21,6 millones de onzas en 2020.

B2Gold Corp.

B2Gold Corp. es una empresa minera de oro de tamaño medio con sede en Vancouver (Canadá). Es conocida por su rápido crecimiento y su capacidad para completar con éxito proyectos mineros.

Por qué B2Gold Corp: B2Gold es valorada por su rápido crecimiento. También es reconocida por su capacidad para mantener bajos los costes de producción.

Categoría de empresa: B2Gold es una empresa minera de oro, lo que significa que se dedica activamente a extraer oro de sus minas.

Región de actividad: B2Gold opera en varios países, entre ellos Malí, Filipinas, Namibia y Colombia.

Datos financieros y de mercado: En 2020, B2Gold registró unas ventas de casi 1.800 millones de dólares. Su coste de producción global (AISC) fue de 788 dólares por onza, especialmente bajo en comparación con otras empresas mineras auríferas.

Reservas de oro: B2Gold comunicó unas reservas de oro probadas y probables de 6,8 millones de onzas en 2020.

Corporación Franco-Nevada

Franco-Nevada Corporation es una empresa con sede en Toronto (Canadá) que invierte en oro y otros minerales. Es la mayor empresa de royalties y streaming de metales preciosos del mundo.

Por qué Franco-Nevada: Franco-Nevada ofrece exposición al oro sin los riesgos operativos asociados a la minería. Cuenta con una cartera diversificada de metales preciosos y flujos de royalties, que pueden facilitar un flujo de ingresos más estable que la minería directa.

Categoría de empresa: Franco-Nevada no se dedica directamente a la extracción de oro, sino que genera ingresos ofreciendo financiación a empresas mineras a cambio de una parte de su producción futura o de cánones sobre su producción.

Región de actividad: Franco-Nevada tiene acuerdos de cánones con empresas mineras de todo el mundo, especialmente en Norteamérica, Latinoamérica y Australia.

Datos financieros y de mercado: En 2020, Franco-Nevada registró unas ventas de casi 1.000 millones de dólares. Como empresa de royalties, no tiene costes de producción típicos como las empresas mineras.

Reservas de oro: Franco-Nevada no posee reservas de oro propias. Sin embargo, tiene acuerdos con varias minas de oro que cuentan con importantes reservas.

Seabridge Gold Inc.

Seabridge Gold Inc. es una empresa con sede en Canadá que busca adquirir propiedades auríferas de gran potencial y desarrollarlas en asociación con otras empresas mineras. Uno de sus mayores proyectos es el de KSM, en Columbia Británica, uno de los mayores yacimientos de oro y cobre sin explotar del mundo.

Por qué Seabridge Gold: Seabridge Gold está especializada en la exploración de nuevas zonas auríferas de alto potencial. La empresa se centra en la adquisición de propiedades auríferas prometedoras y en la realización de estudios en profundidad para evaluar su potencial económico. Sus esfuerzos de exploración cuentan con el apoyo de un experimentado equipo de geólogos y expertos en exploración minera.

Categoría de empresa: Seabridge Gold se centra en la exploración y el desarrollo de proyectos de oro a gran escala.

Región de actividad: Seabridge Gold se centra principalmente en proyectos de la Columbia Británica (Canadá). Su proyecto emblemático, el proyecto KSM, está situado en esta región.

Datos financieros y de mercado: El valor de Seabridge Gold está estrechamente vinculado a los resultados de sus proyectos de exploración. Cuando se realizan descubrimientos significativos o se evalúan positivamente los recursos auríferos potenciales, ello puede repercutir positivamente en el valor de la empresa. La exploración minera conlleva riesgos inherentes, y no todos los proyectos se traducen necesariamente en un éxito financiero.

Osisko Mining Inc.

Osisko Mining Inc. es una empresa minera canadiense centrada en el descubrimiento de nuevos recursos auríferos y el desarrollo de proyectos mineros viables. Uno de sus principales activos es el proyecto Windfall Lake, situado en Quebec, en el que se han producido importantes descubrimientos de oro de altovalor.

Por qué Osisko Mining: Osisko Mining aplica un punto de vista estratégico de la exploración minera, centrándose en proyectos de gran potencial en regiones geológicamente favorables. Se esfuerza por desarrollar recursos auríferos de calidad y optimizar el valor de sus activos mineros. Osisko Mining cuenta con un experimentado equipo de geólogos y expertos en exploración minera.

Categoría de la empresa: Osisko Mining Inc. se dedica a la exploración y explotación de propiedades auríferas en Canadá.

Región: Las actividades de exploración de Osisko Mining se centran principalmente en Canadá, con una presencia significativa en Quebec. El proyecto Windfall Lake, su principal activo, está situado en esta región.

Datos financieros y de mercado: El valor de Osisko Mining está estrechamente ligado a los resultados de sus actividades de exploración y a los descubrimientos de oro que realicen. Los descubrimientos de nuevos recursos auríferos y las evaluaciones positivas del valor económico de sus proyectos pueden repercutir positivamente en el valor de la empresa.

¡CUIDADO!

No quiero que mis lectores se encuentren en una mala situación financiera.

Esta lista no es una lista milagrosa. No debe considerarse como una varita mágica que le ayudará automáticamente a encontrar empresas en las que invertir de forma rápida y simple.

Siempre hay que tener en cuenta otros factores. A veces dejo muy poco margen (y digo muy poco) a mis instintos.

Aunque suene extraño, a veces el sentido común puede ser un buen aliado. Cuando se trata de dinero e inversión, recomiendo que siempre se tome distancia y se matice lo que lee. Por ejemplo, que una acción haya tenido un buen comportamiento no significa necesariamente que vaya a seguir teniéndolo en el futuro.

Nadie lee las bolas de cristal y, personalmente, ¡yo no soy Madame Irma! Así que te aconsejo que te mantengas alejado de los consejos de la gente que te dice que invertir en acciones, ETFs o cualquier otro activo es 100% seguro. En general, cuando es demasiado bueno para ser verdad, ¡es demasiado bueno para ser verdad!

Para ampliar sus conocimientos y descubrir estrategias probadas para tener éxito en bolsa, le invito a explorar mis otros libros.

Le facilitarán consejos inestimables y sugerencias indispensables para maximizar sus ingresos manteniendo una rentabilidad saneada.

No se pierda esta oportunidad de ampliar sus conocimientos sobre inversiones y llevar su carrera financiera al siguiente nivel.

CAPÍTULO 12:

BONOS RESPALDADOS POR ORO

A. INTRODUCCIÓN A LOS BONOS RESPALDADOS POR ORO

¿Qué es un bono respaldado por oro?

Un bono es un instrumento financiero que representa una deuda contraída por una entidad, normalmente una empresa o un gobierno, con un inversor. Si invierte en un bono, está prestando dinero al gestor del bono a cambio de pagos habituales de intereses y la devolución del capital en una fecha posterior.

En el contexto de la industria del oro, un bono respaldado por oro es un bono cuyo reembolso está garantizado por el oro que posee el gestor. Esencialmente, el gestor del bono garantiza el reembolso del dinero invertido utilizando el oro como activo subyacente.

La idea detrás de los bonos respaldados por oro es facilitar a los inversores una seguridad adicional mediante el uso de un activo tangible y valioso, como el oro, para garantizar el reembolso de la deuda. Estos bonos son potencialmente más atractivos para los inversores que desean beneficiarse de la exposición al oro al tiempo que disfrutan de las características de un instrumento de deuda.

Los bonos respaldados por oro son emitidos por entidades como gobiernos, instituciones financieras o empresas mineras. Cada emisión tiene sus propios términos y condiciones específicos, incluida la duración del bono, el tipo de interés, los plazos de amortización y las garantías vinculadas al oro.

La inversión en bonos respaldados por oro ofrece una alternativa a otras formas de inversión en oro.

¿Cómo funcionan los famosos bonos respaldados por oro?

Los bonos respaldados por oro están estructurados para garantizar a los inversores el reembolso de su inversión utilizando oro como garantía. Así es como funciona:

1. Emisión de bonos: una entidad, como un gobierno, una institución financiera o una empresa minera, emite un bono respaldado por oro en el mercado financiero. El bono especifica los términos y condiciones del préstamo, incluido el importe del bono, el plazo, el tipo de interés y los plazos de amortización.

2. Garantía en oro: el gestor posee una cantidad específica de oro que se utiliza como garantía de la deuda contraída por el bono.

3. Verificación y seguridad del oro: para garantizar la transparencia y la seguridad, el oro utilizado como garantía se guarda generalmente en una cuenta o cámara acorazada segura. Se aplican medidas estrictas para verificar la cantidad y la calidad del oro. Además, normalmente se llevan a cabo auditorías periódicas para garantizar que el oro esté siempre disponible para cubrir las obligaciones.

4. Pago de intereses y amortización: a lo largo de la vida del bono, el gestor paga periódicamente intereses a los inversores. Cuando el bono vence, el gestor reembolsa el

principal de la inversión inicial, utilizando el oro depositado como garantía.

5. Riesgos y protección del inversor: aunque los bonos respaldados por oro ofrecen a los inversores cierto grado de seguridad gracias al respaldo del oro, siempre existen riesgos asociados a esta inversión. Estos riesgos incluyen las fluctuaciones del precio del oro, la solvencia del gestor y otros factores económicos y financieros. Es esencial que los inversores comprendan estos riesgos e investiguen a fondo antes de comprometerse con los bonos respaldados por oro.

B. Las ventajas de los bonos respaldados por oro

Diversificación de la cartera

El oro se considera en general como un activo de diversificación por su baja correlación con otras clases de activos, como la renta variable y la renta fija. Según un estudio publicado en el Journal of Portfolio Management, el oro ha mostrado una correlación negativa o baja con la renta variable y la renta fija a largo plazo. Al incluir bonos respaldados por oro en una cartera diversificada, los inversores podrían reducir potencialmente el riesgo global de su cartera.

Protección contra la inflación

Un estudio del Consejo Mundial del Oro demostró que, por término medio, cuando la inflación aumentaba un 1%, el precio del oro subía un 13%. Por lo tanto, los bonos respaldados por oro ofrecen a los inversores cierto grado de protección contra la depreciación de la moneda y la pérdida de poder adquisitivo.

Precios estables del oro

Los bonos respaldados por oro están directamente vinculados al rendimiento del oro, por lo que en cuanto el precio del oro sube, el valor de los bonos respaldados por oro tiende a subir también. La Oficina Nacional de Investigación Económica concluyó en un estudio que los bonos respaldados por oro tenían una correlación positiva significativa con el precio del oro.

Liquidez

Los bonos respaldados por oro se negocian generalmente en los mercados financieros, lo que les confiere cierto grado de liquidez. Los inversores pueden comprar y vender estos bonos con relativa facilidad, lo que les permite reaccionar rápidamente ante las condiciones del mercado o las necesidades de liquidez.

Rendimiento potencial

Los bonos respaldados por oro generan un rendimiento potencial en forma de pagos periódicos de intereses. Los gestores de estos bonos fijan los tipos de interés en función de las condiciones del mercado y de las condiciones específicas del bono. Cabe señalar que la rentabilidad de los bonos respaldados por oro varía en función de las fluctuaciones del precio del oro y de los tipos de interés.

C. LOS RIESGOS DE LOS BONOS RESPALDADOS POR ORO

Volatilidad del precio del oro

Los precios del oro están sujetos a una considerable volatilidad debido a factores como las fluctuaciones de la oferta y la demanda, la situación económica mundial, las políticas monetarias y los acontecimientos geopolíticos.

Las fluctuaciones del precio del oro repercuten en el valor de los bonos respaldados por oro. Los inversores deben estar preparados para esta volatilidad y aceptar las fluctuaciones del valor de sus inversiones.

Riesgo con crédito

Los bonos respaldados por oro son emitidos por entidades como gobiernos, empresas mineras o instituciones financieras. Como ocurre con cualquier inversión en bonos, existe el riesgo de impago por parte del gestor.

Los inversores deben evaluar la calidad crediticia del gestor antes de invertir en bonos respaldados por oro. Las agencias de calificación, como Standard & Poor's, Moody's o Fitch, proporcionan calificaciones crediticias que ayudan a los inversores a evaluar la solidez financiera del gestor.

Riesgo de contraparte

Los bonos respaldados por oro implican contratos o acuerdos entre diferentes partes. Existe un riesgo de contraparte si una de las partes incumple sus obligaciones contractuales, lo que podría suponer una pérdida para el inversor.

Riesgo con liquidez

Aunque los bonos respaldados por oro pueden negociarse en los mercados financieros, su liquidez varía. Algunos gestores ofrecen bonos más líquidos que otros. Debe tener en cuenta la liquidez a la hora de invertir en bonos respaldados por oro, por que una liquidez baja dificulta la compra o venta de estos bonos a los precios deseados.

Riesgo de cambio

Si los bonos respaldados por oro se emiten en una divisa distinta a la del inversor, existe un riesgo de divisa. Las fluctuaciones de los tipos de cambio afectan al valor de los bonos respaldados por oro cuando se convierten a la divisa del inversor.

D. ¿CÓMO PUEDO INVERTIR EN BONOS RESPALDADOS POR ORO?

Comprender las opciones de inversión

Compras directas de bonos

Puede comprar directamente bonos respaldados por oro emitidos por instituciones financieras o empresas mineras. Para ello es necesario investigar en profundidad a los gestores de los bonos y negociar con ellos o con sus agentes autorizados. Se trata de una opción reservada a inversores experimentados que desean un mayor control sobre sus inversiones.

Fondos especializados

Existen fondos de inversión especializados en bonos respaldados por oro, como los ETF. Estos fondos obtienen capital de los inversores y lo utilizan para comprar una cartera diversificada de bonos respaldados por oro. Invertir en estos fondos ofrece una diversificación instantánea y es más fácil para los inversores principiantes.

Plataformas de negociación en línea

Las plataformas de negociación en línea ofrecen otra opción para invertir en bonos respaldados por oro. Estas plataformas permiten a los inversores comprar y vender bonos respaldados por oro de forma transparente y cómoda. Por lo general ofrecen herramientas de análisis e información detallada sobre los bonos disponibles, lo que puede ayudar a los inversores a tomar decisiones informadas.

Seleccionar un agente

Aquí estan algunos ejemplos de conocidos agentees de bonos respaldados por oro:

Interactive Agentes: Interactive Agentes es un agente en línea consolidado que ofrece una amplia gama de instrumentos financieros, incluidos los bonos respaldados por oro. Destacan por sus comisiones competitivas, su avanzada plataforma de negociación y su acceso a los mercados internacionales.

TD Ameritrade: TD Ameritrade es un popular agente online que ofrece una gama de productos financieros, incluidos bonos respaldados por oro. Ofrecen herramientas de investigación, una plataforma fácil de usar y un servicio de atención al cliente de buena reputación.

Charles Schwab: Charles Schwab es otro agente en línea de buena reputación que ofrece una variedad de instrumentos financieros, incluidos bonos respaldados por oro. Ofrecen recursos educativos, servicios de investigación y atención al cliente.

Fidelity Investments : Fidelity es un agente de renombre que ofrece una gran variedad de productos de inversión, incluidos bonos respaldados por oro. Ofrecen una plataforma intuitiva, herramientas de investigación en profundidad y un servicio de atención al cliente de alta calidad.

Tenga en cuenta que esta lista no es exhaustiva y que hay muchos otros agentees que ofrecen bonos respaldados por oro.

Investigación y análisis

Gestor de obligaciones

Busque información sobre el gestor del bono respaldado por oro. Pueden ser gobiernos, instituciones financieras o empresas mineras. Consulte los informes financieros del gestor para evaluar su salud y estabilidad financiera.

Calificación crediticia

Compruebe las calificaciones crediticias asignadas al bono por agencias de calificación como Standard & Poor's, Moody's o Fitch. Estas calificaciones dan una indicación de la calidad crediticia del bono y de la capacidad del gestor para devolver su deuda.

Las agencias de calificación asignan calificaciones a los bonos respaldados por oro para evaluar su calidad crediticia. Estas calificaciones se basan generalmente en una escala alfabética que indica el nivel de riesgo asociado al bono. Aquí estan un ejemplo de una escala de calificación utilizada habitualmente:

- AAA: La calificación más alta, que indica una excelente calidad crediticia y una probabilidad de impago muy baja.

- AA: Calificación alta, indicativa de una muy buena calidad crediticia, pero ligeramente inferior a AAA.

- A: Una calificación sólida, que indica una buena calidad crediticia pero ligeramente más riesgo que una calificación AA.

- BBB: Calificación considerada aceptable, que indica una calidad crediticia media con ciertos riesgos asociados.

- BB: Calificación baja, que indica una calidad crediticia inferior a la media con mayores riesgos.

- B: Una calificación todavía más baja, que indica una baja calidad crediticia con un nivel de riesgo significativo.

- CCC: Calificación muy baja, que indica una calidad crediticia muy baja con un alto riesgo de impago.

- D: La calificación más baja, que indica que el gestor ya ha incumplido sus obligaciones.

→ Cada agencia de calificación puede tener su propia escala de calificación y criterios específicos para asignar las calificaciones. Debe consultar los informes de calificación de las agencias para obtener información detallada sobre la calificación asignada a un bono.

Perspectivas del mercado

Tenga en cuenta las perspectivas del mercado del oro y el entorno económico mundial. El precio del oro está influido por factores como la inflación, la demanda mundial de oro y la estabilidad geopolítica. Analice las tendencias y previsiones del mercado del oro para evaluar las perspectivas de rentabilidad del bono.

Rendimiento y duración

Evalúe el rendimiento ofrecido por el bono respaldado por oro y la duración del bono. Los rendimientos varían según los tipos de interés y las condiciones del mercado. Compare también la duración del bono con sus objetivos de inversión a corto o largo plazo.

Costes y tasas

Considere los costes asociados a la compra y tenencia del bono respaldado por oro. Esto incluye las comisiones de transacción, las comisiones de custodia y las comisiones de gestión. Asegúrese de comprender todos los costes implicados antes de tomar una decisión de inversión.

E. Ejemplos de bonos respaldados por oro

Bono respaldado por oro emitido por Barrick Gold Corporation

El bono respaldado por oro emitido por Barrick Gold ofrece a los inversores una exposición al rendimiento de la empresa en la industria del oro. Puede ofrecer un rendimiento habitual basado en los ingresos de la empresa. En el último recuento, el porcentaje del cupón era del 5,8%.

Bono respaldado por oro emitido por Newmont Corporation

Su bono respaldado por oro permite a los inversores participar en los resultados financieros de la empresa y en los movimientos del precio del oro. En el último recuento, el porcentaje del cupón era del 5,87%.

Tiene varias opciones para fijar el precio de compra

Aquí estan algunos tipos de precios utilizados habitualmente por los agentees:

- Precio de mercado: puede elegir comprar los bonos al precio de mercado actual en el momento de su orden. Esto significa que acepta comprar los bonos al precio más reciente publicado en la plataforma de negociación.

Esta opción es rápida y fácil, pero el precio puede fluctuar entre el momento en que usted coloca la orden y el momento en que se ejecuta.

- Precio límite: puede especificar un precio límite, es decir, el precio máximo que está dispuesto a pagar por los bonos. Si el precio de mercado alcanza o cae por debajo de su precio límite, la orden de compra se ejecutará. Si el precio supera su límite, la orden no se ejecutará. Esta opción le ofrece un control preciso sobre el precio al que desea comprar los bonos.

- Orden al mejor precio: puede optar por ejecutar la orden de compra al mejor precio disponible en la plataforma de negociación en el momento de cursar la orden. Esto significa que acepta el precio más favorable entre las ofertas disponibles en el mercado. Puede utilizar esta opción si desea obtener las mejores condiciones de ejecución para su orden.

F. SEGUIMIENTO Y GESTIÓN DE LAS INVERSIONES

Siguiendo estos consejos, podrá gestionar su inversión en bonos respaldados por oro con más confianza y tomar decisiones informadas en línea con sus objetivos financieros.

Controlar el pago de intereses

Los bonos respaldados por oro generan pagos periódicos de intereses. Asegúrese de controlar estos pagos y de que se abonan de acuerdo con los términos del bono.

Reembolso anticipado

El gestor de los bonos garantizados con oro puede decidir amortizarlos antes de su vencimiento. En este caso, usted recibirá el importe correspondiente al reembolso anticipado. Preste mucha atención a este tipo de anuncios, por que influyen en la duración de su inversión.

Seguimiento de las condiciones del mercado del oro

Los precios del oro fluctúan en función de las condiciones económicas y geopolíticas. Esté atento a la evolución del mercado del oro, por que influye en el valor de sus bonos respaldados por oro.

Reevalúe su estrategia de inversión

Le recomiendo que reevalúe su estrategia de inversión en bonos respaldados por oro una o dos veces al año. De este modo, tendrá en cuenta los posibles cambios en el mercado y adaptará su cartera en consecuencia. Sin embargo, le aconsejo que no reaccione de forma exagerada a las fluctuaciones a corto plazo, por que los bonos respaldados por oro se consideran una inversión a largo plazo. La reevaluación le ayudará a garantizar que su estrategia se mantiene en línea con sus objetivos financieros a largo plazo.

Consultar periódicamente los informes financieros

Los gestores de bonos respaldados por oro publican informes financieros periódicos. Tómese su tiempo para consultarlos y obtener información sobre los resultados financieros del gestor, sus proyectos actuales y sus perspectivas de futuro.

Cuidado con la información

Asegúrese dc utilizar fuentes de información fiables y de tener en cuenta los factores relevantes para su inversión. Cuidado con la información no contrastada o la especulación excesiva...

CUARTA PARTE: FISCALIDAD DEL ORO

"No hay dificultad que el oro no supere".

Luís Vaz de Camões

CAPÍTULO 13:

FISCALIDAD DEL ORO FÍSICO

A. Fiscalidad aplicada en la compra y reventa de oro en Francia

Las diferentes categorías según las autoridades fiscales

1. Metales preciosos: son los metales (oro, plata, platino) en bruto o semielaborados (lingotes, chapas, alambre), así como las monedas de oro y plata emitidas después de 1800 que ya no tienen curso legal.

2. Fichas: son objetos metálicos que se parecen a monedas y tienen las mismas propiedades técnicas, pero no se emiten como moneda de curso legal. Las fichas se consideran joyas y se clasifican como bienes muebles.

3. Monedas de colección: son monedas acuñadas antes de 1801 que ya no tienen curso legal.

4. Monedas de curso legal: son monedas que tienen la facultad de ser aceptadas como moneda de curso legal en una transacción comercial o para saldar una deuda. Las monedas de curso legal se consideran bienes muebles y están sujetas al régimen general de ganancias patrimoniales sobre bienes muebles cuando se venden.

Documentos de condiciones

Aquí estan una lista no exhaustiva de documentos de curso legal:

- Australian Nugget (Australia)
- Britannia (Reino Unido)
- Eagle US (Estados Unidos)
- Krugerrand (Sudáfrica)
- Hoja de arce (Canadá)
- Filarmónica de Viena (Austria)
- Sovereign (Reino Unido)
- Vera Valor Isabel II (Reino Unido)

Le aconsejo que consulte fuentes oficiales como el BOI (Bulletin Officiel des Finances Publiques) y la normativa pertinente para obtener información más detallada sobre el régimen fiscal específico de cada categoría.

B. Compra

IVA

En Francia, cuando compra oro de inversión, no paga impuestos. Sin embargo, no ocurre lo mismo si compra joyas de oro, que estarán sujetas a un IVA del 20%....

Productos exentos de IVA

Los productos exentos de IVA son :

- oro en barras, lingotes u obleas de peso superior a un gramo y pureza igual o superior a 995 milésimas, representado o no por títulos ;

- las monedas de pureza igual o superior a 900 milésimas acuñadas después de 1800, que tengan o hayan tenido curso legal en su país de origen y cuyo precio de venta no supere en un 80% el valor del oro que contienen.

Estos dos tipos de oro de inversión no están sujetos al IVA.

→ Una moneda de 20 francos Napoleón es una moneda que ha tenido curso legal en Francia, se acuñó después de 1800 y tiene una pureza de 900 milésimas o superior. Por último, su prima es inferior al 80%, por lo que cumple todos los criterios para ser considerada oro de inversión. Por lo tanto, ¡no está sujeto al IVA al comprar este tipo de Napoleón!

C. Reventa

Revender sin ser estafado

Para que puedas revender y pagar impuestos sin ser estafado:

1. Debe poder demostrar la fecha y el valor de la adquisición.

2. Debe disponer de la factura asociada al producto adquirido:

- Con un lingote, es fácil porque el número está en el lingote y en la factura.

- Tenga cuidado, porque en el caso de una pieza esto no se anota directamente en ella. Por lo tanto, ¡debe conservar la pieza precintada con su factura!

La elección es suya

Si desea revender su oro, puede elegir entre :

- impuesto de tasa única

o

- impuesto de plusvalías

→ Le recomiendo que dedique tiempo a estudiar qué fiscalidad le resultará más ventajosa para maximizar sus beneficios.

Para ayudarte, elaboró una tabla con todo lo que necesitas saber cuando viene el tiempo de revender tu oro físico.

	Impusto de tasa única	Impusto de plusvalias
Metales preciosos	11,5 %	36,2% sobre las plusvalías: 19+ 17,20% seguridad social deducciones). Bonificación del 5% a partir del el 2º año de propiedad. ➜ Exención a partir del 22º año de propiedad.
Joyas y objetos similares (fichas) Coleccionables	Si la transacción < 5.000 (por período de 30 días) : Sin impuestos Si la transacción es superior a 5.000 (por período de 30 días) : 6,5 %	Si la transacción < 5.000 euros (porde 30 días) : No impuesto Si transacción > 5.000 euros (porde 30 días): 36,2sobre las plusvalías (19% más 17,20% seguridad socialdeducciones).Bonificación del 5% a partir del el 2º año de propiedad.
Bienes muebles – Moneda de curso legal	No aplicable	Si la transacción < 5.000 euros (por de 30 días) : No impuesto Si transacción > 5.000 euros (porde 30 días): 36,2 sobre las plusvalías (19% más 17,20% seguridad socialdeducciones). Bonificación del 5% a partir del 2º año de propiedad. Exención a partir del 22º año de propiedad.

Declaraciones

¿Vende su oro? Existen normas fiscales específicas que hay que tener en cuenta.

- Si obtiene una pérdida de capital o ninguna ganancia de capital, o si conserva su oro durante más de 22 años, no tiene que declarar ni pagar impuestos.

- Para las ventas dentro de la Unión Europea, debe presentar una declaración fiscal (2091 SD) en el plazo de un mes a partir de la venta. El impuesto a tanto alzado se paga al presentar la declaración.

- Hay una excepción: si en la operación interviene un intermediario establecido en Francia, o si el comprador es sujeto pasivo del IVA en Francia, este intermediario o comprador debe presentar una declaración diferente (3310 A-SD), también en el plazo de un mes a partir de la venta. El impuesto lo paga el intermediario o el comprador al presentar la declaración.

- También puede optar por el impuesto sobre plusvalías de bienes muebles presentando una declaración específica (2092-SD) en el plazo de un mes a partir de la venta.

- Para las ventas fuera de la Unión Europea, corresponde al vendedor residente fiscal francés hacer su propia declaración.

Cuidado

→ Es importante subrayar que la responsabilidad de cumplir la legislación fiscal vigente recae en cada individuo. Dado que la legislación fiscal puede cambiar rápidamente, le recomiendo encarecidamente que se mantenga al corriente de cualquier cambio para cumplir con sus obligaciones fiscales.

CAPÍTULO 14:

FISCALIDAD DEL ORO DE PAPEL

No existe ningún impuesto sobre la compra de oro en papel, salvo el Impuesto sobre las Transacciones Financieras (ITF), que grava con un 0,30% del valor de la transacción bursátil.

Este impuesto sólo grava la compra de acciones de empresas con sede en Francia y una capitalización bursátil superior a 1.000 millones de euros. En realidad, ni siquiera sé si afecta a una sola empresa del sector del oro, pero se lo debo mencionar de todos modos, ¡por si acaso!

A. Impuesto sobre los dividendos

Los dividendos son los ingresos generados por las acciones de una empresa. En la mayoría de los países, los dividendos están sujetos al impuesto sobre la renta, pero los tipos impositivos varían de un país a otro.

Por ejemplo, en Francia, los dividendos están sujetos a una retención única a tanto alzado (PFU) del 30%, mientras que en otros países están sujetos a otros tipos, como los progresivos.

B. Impuesto sobre las plusvalías

Las plusvalías son las ganancias obtenidas al vender un activo bursátil. Los inversores en ETF, bonos o acciones están sujetos al impuesto sobre plusvalías, pero las normas fiscales varían de un país a otro.

En Francia, por ejemplo, las plusvalías se gravan a un tipo fijo del 30% para las acciones poseídas. En Suiza, las plusvalías están exentas de impuestos para los inversores privados.

CAPÍTULO 15:

OPTIMIZAR JURÍDICAMENTE LA FISCALIDAD CON UN PEA

A. SI ES FRANCÉS, UTILICE UN PEA

Cuantos más impuestos reduzcas, más dinero tendrás

Es muy bien, porque un PEA es una excelente manera de reducir su factura fiscal.

Un PEA (Plan de Ahorro en Acciones) es un plan de ahorro e inversión que permite a los residentes franceses beneficiarse de ventajas fiscales al invertir en renta variable francesa o europea o en ETF.

La principal ventaja del PEA

La principal ventaja de un PEA es su eficiencia fiscal. Las plusvalías realizadas dentro del PEA están exentas del impuesto sobre la renta, siempre que el PEA se mantenga durante al menos 5 años. Además, cuando se paga el dividendo, ¡no se pagan impuestos!

B. REDUCCIÓN FISCAL

Reducción del impuesto sobre las plusvalías

Según la legislación francesa, las plusvalías realizadas por la venta de acciones mantenidas en un OEP durante más de 5 años están exentas del impuesto sobre plusvalías. Esta exención también se aplica a los intereses generados por el PEA.

Sin embargo, esta reducción sólo se aplica bajo ciertas condiciones, como el cumplimiento del límite máximo de pago anual y la no infracción de las normas de participación en el accionariado.

Tenga cuidado de preservar su patrimonio

Conserve sus activos durante más de 5 años para beneficiarse de un tipo impositivo reducido y evitar tener que cerrar su PEA.

Las ventajas fiscales asociadas al PEA sólo están disponibles si las acciones o ETF se mantienen durante más de 5 años. Vender sus acciones o ETF rápidamente también significa cerrar el PEA y perder todos los beneficios fiscales asociados.

Es muy bien, porque el mercado bursátil rinde mejor a medio y largo plazo.

Evite superar el límite máximo de pago para no perder sus ventajas fiscales

La Autoridad del los Mercados Financeros establece que el importe máximo que puede invertirse en un PEA es de 150.000 euros. Si se supera este límite, se pierden las ventajas fiscales asociadas al PEA.

CAPÍTULO 16:

OPTIMIZAR LA FISCALIDAD LEGALMENTE CON UN CTO

A. ETF QUE SACAN PARTIDO DEL ORO

Una técnica interesante

La compra de ETF de capitalización es una técnica interesante para minimizar la imposición sobre los dividendos, sobre todo si se es residente fiscal en Francia.

A diferencia de los ETF de distribución, los ETF de capitalización no pagan dividendos a los inversores, por que reinvierten los dividendos directamente en el ETF.

Esto significa que los inversores no tributan por los dividendos distribuidos, ¡porque no hay ninguno!

Sin embargo, las plusvalías generadas por la capitalización de ETF están sujetas al impuesto sobre plusvalías en cuanto los venda.

Al elegir ETF compuestos, las ganancias no se distribuyen, sino que se reinvierten para generar más ganancias. Puede que esto no le parezca importante, pero a medio y largo plazo supone una gran diferencia gracias al efecto del interés compuesto.

Aplazamiento de la tributación de las plusvalías

Al diferir la tributación de las plusvalías hasta la venta, se reduce la carga fiscal. Esta estrategia es ideal para inversores a largo plazo que desean maximizar sus ganancias y permanecer en Francia.

→ Básicamente, es mejor tributar al 30% por 100.000 euros que por 10.000, aunque se mantenga el mismo tramo impositivo, ¡porque al final te quedarás con más de lo que tenías al principio!

B. Utilización de pérdidas para reducir impuestos

Importante

Debe comprender la diferencia entre :

- valor añadido real
- plusvalías latentes

y...

- una pérdida de capital real
- una pérdida no realizada

Cuando se compra un activo financiero, como una acción, el precio puede subir o bajar. Si el precio sube y vende la acción, obtiene una plusvalía, es decir, gana dinero. Por el contrario, si el precio baja y vende la acción, obtiene una minusvalía real, es decir, pierde dinero.

Por otro lado, si no ha vendido su activo financiero, la variación de su valor se considera no realizada. Por ejemplo, si compró una acción a 100 euros y su precio es ahora de 120 euros, tiene una ganancia no realizada de 20 euros. Sin embargo, esta ganancia sólo se realizará si vende la acción. Lo mismo ocurre con una pérdida no realizada: mientras no haya vendido el activo financiero, la pérdida sólo existe sobre el papel.

→ **¡La fiscalidad no se basa en las plusvalías y minusvalías latentes!**

La fiscalidad se basa en las plusvalías reales obtenidas en la venta de un activo financiero (acciones, ETF, etc.).

Si un inversor obtiene una plusvalía latente de un activo financiero, no tendrá que pagar impuestos. La tributación sólo se produce cuando el inversor vende el activo financiero con una plusvalía. Además, si un inversor realiza una pérdida de capital real, puede utilizar esta pérdida para reducir el impuesto sobre las ganancias realizadas en las plusvalías reales.

Mi último consejo

Espero que toda esta jerga fiscal no le haya dado demasiados quebraderos de cabeza.

Para mí era esencial facilitarle la información más relevante, para que no se vea atrapado por las complejidades fiscales...

A riesgo de repetirme, los sistemas fiscales varían considerablemente de un país a otro. Son totalmente diferentes si vives en Francia, Bélgica, Suiza, Luxemburgo o Canadá.

Si alguna vez tienes preguntas sin respuesta, te recomiendo encarecidamente que consultes a un experto fiscal o pidas consejo a tu agente de bolsa. A veces es mejor perder un poco de tiempo y dinero consultando a especialistas que tomar decisiones precipitadas que a la larga te saldrán más caras...

Además, no hay que olvidar que las leyes cambian. Lo que era cierto ayer puede no serlo hoy.

¡Dé su opinión sincera!

Sus sugerencias y críticas son inestimables.

Hacen que cada experiencia de lectura sea todavía más satisfactoria.

Muchas gracias por leer mi libro.

Le deseo todo el éxito que se merece.

CONCLUSIÓN

Este es el final de su viaje por el mundo de la inversión en oro. Ha descubierto las múltiples facetas de este preciado activo y cómo puede contribuir a su éxito financiero. Ahora es el momento de pasar a la acción y aprovechar los beneficios del oro para construir un futuro financiero sólido.

Más que un simple metal precioso, el oro es un símbolo de seguridad y preservación del patrimonio. En un mundo de cambios constantes, mercados volátiles y divisas inestables, el oro ofrece una estabilidad y una protección inigualables. Es un refugio seguro que conserva su valor a pesar de las crisis económicas, las convulsiones políticas y las fluctuaciones monetarias.

En eligiendo invertir en oro, abre la puerta a un mundo de oportunidades. Diversificar su cartera con oro puede reducir el riesgo y mitigar los efectos de las fluctuaciones de los mercados tradicionales. Puede disfrutar de las ventajas de un activo que no está correlacionado con la renta variable y la renta fija, protegiendo así su patrimonio.

Pero el oro también ofrece perspectivas de crecimiento. Analizando las tendencias del mercado, siguiendo los indicadores económicos y comprendiendo las fuerzas que influyen en el precio del oro, puede obtener plusvalías. Tanto si opta por invertir en oro físico como en fondos de oro o acciones de mineras auríferas, hay distintas formas de capitalizar la revalorización del oro.

Sin embargo, no olvide que invertir en oro requiere un punto de vista meditado e informado. Investigue por su cuenta, consulte fuentes fiables y no dude en recurrir a la ayuda de expertos en la materia. Comprenda los riesgos y beneficios asociados a cada tipo de inversión en oro y adapte su estrategia a sus objetivos y perfil inversor.

El oro es mucho más que un metal precioso. Es una poderosa herramienta financiera que puede ayudarle a alcanzar sus objetivos y asegurar su futuro financiero. Tanto si busca proteger su patrimonio como diversificar sus inversiones o aprovechar oportunidades de crecimiento, estoy seguro de que el oro desempeñará un función fundamental en su cartera.

Así que no te demores. Actúa y sumérgete en el mundo del oro.

Para ampliar sus conocimientos y descubrir estrategias probadas para invertir con éxito, le invito a explorar mis otros libros.

Le facilitarán consejos inestimables y sugerencias indispensables para maximizar sus ingresos manteniendo una rentabilidad saneada.

No se pierda esta oportunidad de ampliar sus conocimientos sobre inversiones y llevar su carrera financiera al siguiente nivel.

FUENTES

LIBROS

- Colleu, Y. (2014). *Invertir en metales preciosos: La guía práctica completa*. Ediciones Eyrolles.

- Leconte, P. (2012). *Guía para invertir en oro y otros metales preciosos*.

- Herlin, P. (2012). *L'or, un placement d'avenir: Guide pratique: comment acheter et gérer de l'or*. Editions Eyrolles.

- Perrin, N. (2018). Invertir en el mercado del oro: Comprender para actuar. Ediciones Arnaud Franel.

- Hagstrom, R. G. (2013). A *la manera de Warren Buffett*. Wiley.

- Graham, B., y Zweig, J. (2023). *The Intelligent Investor Rev Ed: The Definitive Book on Value Investing*. Generic.

- Lynch, P. (1999). *Y si supieras lo suficiente para ganar en bolsa*. VALOR.

- Lynch, P., y Rothchild, J. (2012). *Beating the Street*. Simon & Schuster.

- Fisher, P. A. (2000). *Acciones ordinarias y beneficios extraordinarios*. Valor.

- Horny, G. (2022). *Je me mets à la bourse pour les Nuls*. FIRST.

SITIOS

Aclaración importante

Tenga en cuenta que los sitios mencionados se facilitan únicamente a título informativo y no constituyen asesoramiento en materia de inversión. Es importante señalar que estos enlaces no son de afiliación y no generan remuneración alguna para el autor o el editor.

Organismos oficiales :

- Página web oficial del Gobierno francés sobre economía: https://www.economie.gouv.fr/
- Página oficial francesa de finanzas públicas (BOI): https://bofip.impots.gouv.fr/
- Página web oficial de la Autorité des Marchés Financiers (AMF): www.amf-france.org/fr
- Suiza: Autoridad Suiza de Supervisión del Mercado Financiero (FINMA): www.finma.ch/fr/
- Bélgica: Autoridad de Servicios y Mercados Financieros (FSMA): www.fsma.be/fr
- Canadá: Autorité des marchés financiers (AMF): https://lautorite.qc.ca/grand-public
- Luxemburgo: Commission de Surveillance du Secteur Financier (CSSF): www.cssf.lu/fr/

Otros sitios :

- Google Finanzas : www.google.com/finance/?hl=fr

- Yahoo Finanzas : https://fr.finance.yahoo.com/
- S&P Global Ratings: www.spglobal.com/ratings/en/index
- Motley Fool: www.fool.com/
- Seeking Alpha : https://seekingalpha.com/
- Forbes Investing: www.forbes.com/investing/
- Investing.com: www.investing.com
- Bloomberg: www.bloomberg.com/markets
- Estrella de la mañana: www.morningstar.fr/fr/
- Zona bursátil: www.zonebourse.com
- Trustpilot: https://fr.trustpilot.com/

IMÁGENES

- www.freepik.com

www.ingramcontent.com/pod-product-compliance
Lightning Source LLC
LaVergne TN
LVHW052139041026
849558LV00042B/543
* 9 7 8 2 5 8 9 9 2 3 6 8 0 *